L'ÉLYSÉE OFF

Stéphanie Marteau
Aziz Zemouri

L'Élysée off

Fayard

Couverture : Antoine du Payrat
Photographie : © François Lochon/Getty Images

ISBN : 978-2-213-69902-8

Dépôt légal : avril 2016

Introduction

Les conseillers du président sont lassés. Ils ne se donnent même plus la peine d'assister aux projections des documentaires tournés à la chaîne sur les coulisses du quinquennat.

Les soirs d'avant-première, dans la salle de cinéma du palais, on garnit les travées d'invités extérieurs faute de pouvoir compter sur les collaborateurs de François Hollande, seconds rôles malgré eux, qui ne frissonnent plus en se voyant à l'écran. Blasés, vraiment.

Depuis 2012, l'Élysée se déshabille devant les médias, les journalistes campent derrière les tentures et les énarques du cabinet se sentent « scrutés ».

C'est un fait : jamais peut-être l'Élysée n'avait autant communiqué ni ouvert ses portes que ces dernières années, conférant ainsi au palais l'image d'une maison de verre où aucune péripétie n'échapperait à la vigilance médiatique. Avec l'arrivée de François Hollande au pouvoir, le 55, rue du Faubourg-Saint-Honoré est devenu l'un des symboles de la « République exemplaire » qu'il professe.

Bien sûr, la transparence, dans un tel lieu, n'est qu'illusion.

Le palais est le centre névralgique du pouvoir, l'ambiance qui y règne témoigne de ses succès et trahit des faiblesses qu'il faut cacher.

Or, la manière dont la gauche exerce le pouvoir depuis l'intérieur du palais n'est que rarement interrogée. Sous Nicolas Sarkozy, les observateurs semblaient, légitimement, plus sourcilleux. Les dérives autoritaires étaient traquées, les coups de sang dénoncés, les ridicules moqués. Surtout, les coulisses des décisions politiques les plus emblématiques ou les collusions entre les pouvoirs exécutif et judiciaire étaient passées au crible.

Certes, l'intérêt de François Hollande pour les journalistes est notoire, il compte beaucoup d'amis dans la profession, ce qui contribue à anesthésier les questionnements intempestifs. D'autant que pour eux, qu'ils soient éditorialistes ou présentateurs de JT, il a toujours le temps. Il sait les prendre, les amuser, les valoriser.

À l'inverse de Nicolas Sarkozy qui brutalisait les journalistes dès que le vent ne soufflait pas dans son sens.

En somme, tout est fait depuis 2012 pour que l'idée d'enquêter sur l'Élysée semble incongrue – puisque tout est montré –, et de surcroît illégitime, ce pouvoir-là étant éthique, économe, pondéré, juste et bienveillant.

Seulement, c'est quand l'image est si belle, que le doute s'installe.

Au gré de nos rencontres, les récits se sont faits de plus en plus précis et une autre réalité s'est dessinée.

À l'Élysée, jamais les apparences n'avaient été aussi trompeuses.

Les employés du palais sont intarissables sur les privilèges que s'arrogent les proches du président. Les conseillers, eux, nous ont dévoilé les intrigues qui plombent la vie du cabinet et le harcèlement que certains y ont subi.

Pour réaliser cette enquête, nous n'avons sollicité aucune autorisation ni demande officielle d'entretien, mais toutes les personnes mises en cause ont eu l'occasion de nous donner leur version des faits.

Nous avons rencontré les conseillers du président hors des canaux balisés par la communication. Les hauts fonctionnaires, agents, gendarmes, cuisiniers et secrétaires nous ont le plus souvent donné rendez-vous dans des cafés éloignés de la rue du Faubourg-Saint-Honoré, parfois même chez eux ou dans des gares. Tous se montraient prudents au téléphone, préférant souvent nous rappeler d'un numéro anonyme après leurs heures de travail. Tous ont pris mille précautions avant de nous remettre le moindre document. C'est que le « flicage » est drastique, au château, depuis l'arrivée d'un président dont la vie privée excite les paparazzis comme jamais. Les quelque soixante-dix témoins qui nous ont raconté leur quotidien et celui du chef de l'État savent quels risques ils encourent : enquête administrative, sanction collective, etc. Nous avons garanti l'anonymat à ceux qui le souhaitaient de manière à ce qu'ils puissent s'exprimer librement.

Choisir le « off » contre la langue de bois, c'était l'unique manière de décrire la réalité du pouvoir et non son simulacre.

Il en ressort un récit édifiant qui met en lumière un immense décalage entre le discours et la pratique du pouvoir.

Bataille de com' au château

Dans les premiers mois de son mandat, François Hollande avait une obsession : limiter la communication. Il s'agissait de rompre avec le grand déballage people de l'ère Sarkozy, mais aussi d'assumer son éthique personnelle. Le président fraîchement élu professe un certain mépris pour la communication et, à ses yeux, seul le fond compte vraiment et permet de faire la différence. Il sait par ailleurs que cette posture séduit son camp politique.

Durant la campagne, il aimait accuser l'agence Havas (ancienne Euro RSCG) et son patron, Stéphane Fouks, le meilleur ami de Manuel Valls, de la défaite de Lionel Jospin en 2002. Le communicant était d'ailleurs interdit de séjour au 59, avenue de Ségur, le QG de campagne du candidat socialiste.

Qui savait alors, hors du microcosme, que cette même agence concevait, via André Loncle, le producteur du Bourget, la scénographie du meeting le plus important de la campagne ? Ou que Nathalie Mercier, une ancienne collaboratrice de Stéphane Fouks, était chargée de veiller à l'image de Valérie Trierweiler ? De même que plus tard, peu se sont souciés de recenser les collaborateurs d'Havas dépêchés dans les cabinets ministériels. À l'hiver 2015, ils étaient pourtant huit, au chevet des principaux membres du gouvernement.

Ainsi, avant même d'être élu, François Hollande entretenait déjà un rapport ambivalent à la communication : il la dénigrait, tout en la pratiquant assidûment. Ses deux premières années à l'Élysée en ont d'ailleurs pâti.

Dès mai 2012, le chef de l'État confie le service de presse à un duo improbable, qui ne va pas tarder à devenir rival. Christian Gravel[1] a été l'ancien directeur de cabinet de Manuel Valls à la mairie d'Évry pendant dix ans (après avoir été son stagiaire lorsque celui-ci était en charge de la communication de Lionel Jospin à Matignon en 1997). Le quadra sera chargé

1. Il dirige aujourd'hui le Service d'information du gouvernement.

des déplacements nationaux. À ses côtés, Claudine Ripert-Landler, la soixantaine, soutien historique et vieille camarade de Sciences po du chef de l'État, hérite de l'international. Le conseiller politique du président, Aquilino Morelle, chapeaute de très haut le dispositif, qui ne tarde pas à montrer ses limites.

Christian Gravel applique sans fléchir les consignes de retenue données par François Hollande. Nombre de journalistes désespèrent d'être rappelés, d'autres ne décolèrent pas face à son silence obstiné.

À sa décharge, c'est le président lui-même qui refuse, par exemple, de mettre en avant le rapport de la Cour des comptes sur « la situation et les perspectives des finances publiques », paru en juillet 2012. Ce document, qui dresse un état des lieux beaucoup plus sombre que prévu de la situation laissée par Nicolas Sarkozy (l'audit de la Cour mettait en évidence un risque de moindres recettes de 6 à 10 milliards d'euros pour 2012) aurait pourtant permis d'expliquer la rigueur de certains « ajustements » annoncés par le Gouvernement… Mais voilà, « le président ne voulait pas casser le moral des Français », explique un conseiller.

Christian Gravel ne parle peut-être pas souvent, mais quand l'ex-champion de viet vo dao en a l'occasion, il aime être écouté. Ainsi, le 28 mars 2013, le conseiller a carrément été prié de quitter la régie de France Télévisions où était enregistré un entretien du chef de l'État[1]. L'ex-lieutenant de Manuel Valls y harcelait les journalistes chargés de souffler les questions dans l'oreillette de David Pujadas pour qu'ils l'interpellent sur le thème de la sécurité.

« Nous n'avions pas les codes de l'État. Moi, j'ai tout appris sur le tas[2] », admet aujourd'hui Christian Gravel. Pour l'un de ses collaborateurs, ce dernier était entravé par son manque de légitimité. À l'heure où Manuel Valls, aidé de pros de la com' dépêchés par l'agence Havas, communiquait à outrance et explosait les cotes de popularité place Beauvau, son ami Christian Gravel savait qu'il ne gagnerait jamais la confiance du président.

« On me fait passer pour l'œil de Moscou », grinçait-il. « Il a toujours été loyal à Hollande, mais Christian est surtout un politique, capable de stratégie et de manœuvre. Hollande n'était pas à l'aise avec lui », confirme une attachée de presse.

Claudine Ripert, elle, n'a pas ce problème. La conseillère en tailleur s'est liée d'amitié avec François Hollande il y a quarante ans, avant même qu'il

1. *L'Express*, 29 mars 2013.
2. Entretien avec les auteurs.

ne rencontre Ségolène Royal. « Elle a beaucoup insisté pour qu'il l'emmène à l'Élysée, et craint par-dessus tout de le décevoir », décrypte un proche.

Par l'entremise de son ex-mari, le diplomate Jean-Maurice Ripert, un ancien de la promotion Voltaire aujourd'hui ambassadeur à Moscou, elle connaît de longue date toute la garde rapprochée du président. Bernard Cottin, l'ex-PDG de Numericable, chargé de la collecte de fonds pendant la campagne de 2012, qu'elle a épousé en secondes noces, est également un ancien de la promotion.

Quant au secrétaire général de l'Élysée, Pierre-René Lemas, elle l'a rencontré sur les bancs de la rue Saint-Guillaume. Une intimité qu'elle « surjoue pour asseoir son autorité sur le service, s'imposer sur des dossiers », alors qu'elle est pourtant loin de convaincre dans les rédactions…

Lassés par les bugs de communication et les défaillances techniques, certains journalistes accrédités à l'Élysée avaient d'ailleurs rédigé une longue lettre de doléances en mai 2013, au retour d'un déplacement en Chine organisé par l'amie du président : « Voici un an que François Hollande a été élu président de la République, et donc un an que nous, journalistes accrédités à l'Élysée, suivons les voyages officiels. En un an, après une période légitime de rodage, les choses sont allées en empirant. Nos conditions de travail sont difficiles, les rapports avec certains responsables de la communication se sont tendus », déplorent les journalistes *embedded*, dans une missive qui n'a finalement pas été envoyée[1].

Les journalistes se plaignent notamment de ne pas pouvoir suivre toutes les étapes des déplacements présidentiels et de devoir relater des rencontres auxquelles ils n'ont pas assisté. Ils regrettent aussi de ne pas être suffisamment « briefés » par l'équipe du président. Enfin, résument-ils, « les rapports avec la direction de la communication sont difficiles. Souvent des consignes sont édictées comme "pas de question !" qui nous semblent déplacées. Encore plus fréquemment, ces responsables ne facilitent pas notre travail mais au contraire, s'ingénient à le compliquer : infos parcellaires, engagements non tenus, réponses données sur un ton cassant. Le tout, vous en conviendrez, ne relève pas d'une logique de rapports sains et dépassionnés avec la presse ». Fermez le ban.

Bien sûr, dès le début du quinquennat, le président mesure les limites de son équipe. C'est d'ailleurs avec son vieil ami le journaliste Claude Sérillon, un visiteur du soir assidu, que François

---

1. Alain Barluet du *Figaro*, président de l'Association de la presse présidentielle, l'avait jugé « trop virulente » à l'époque.

Hollande a préparé ses vœux télévisés pour l'année 2013. Discrètement, l'ex-vedette du JT de France 2 lui a prodigué conseils et notes dans le dos des communicants officiels du château…

Claude Sérillon répondait déjà présent pour des après-midi de *media training* lorsque François Hollande n'était encore que « monsieur 3 % », un candidat à l'investiture socialiste sur lequel personne ne misait.

Ce fidèle lui faisait savoir depuis des mois qu'il était disponible pour travailler à ses côtés. En janvier 2013, le président finit par lui confier officiellement la mission de « professionnaliser la communication présidentielle ». Une feuille de route pour le moins floue. Le journaliste n'a d'ailleurs ni titre dans l'organigramme, ni bureau lorsqu'il arrive… Et, pendant quinze jours, Aquilino Morelle l'accueille dans le sien.

À la différence des autres conseillers, ces deux « stars » ont le contact direct avec le président. Les deux hommes s'entendent bien : « On allait boire un verre tous les soirs à la maison, ça changeait des technos », confie l'un deux.

La bienveillance affichée par Aquilino Morelle lui permet surtout de surveiller le nouvel arrivant. Il soupçonne en effet son grand rival, le secrétaire général Pierre-René Lemas, de vouloir l'utiliser contre lui : « Lemas l'a fait venir avec l'idée qu'il prendrait ma place, ou, à défaut, pour me "borner" », ressasse Aquilino Morelle. Le conseiller politique réalise vite que la menace n'est pas sérieuse. Selon la consigne du président, fortement influencé par Aquilino Morelle, Claude Sérillon a interdiction de parler à la presse. Presque chaque jour, il rédige des notes sur une multitude de sujets, ce qui n'empêche pas les mauvaises langues de jaser sur son dilettantisme supposé, tant il se passionne pour les détails. Lors des interviews filmées au palais, il veille à ce que les éclairages ne fassent pas ressortir les reflets des cheveux du président. Il envisage de transformer la salle de cinéma en plateau de télévision[1]. Il fait aussi changer *in extremis* le pupitre transparent derrière lequel François Hollande prend place lors des conférences de presse – mal vissé, le nouveau meuble s'est d'ailleurs mis à tanguer en pleine allocution et l'orateur, fulminant, a du s'y cramponner pendant tout l'exercice[2].

Assez peu performant dans le dispositif élyséen, c'est, ironiquement, l'une des absences de Claude Sérillon qui va sceller son sort le 18 octobre 2013, au plus fort de l'affaire Léonarda, une adolescente kosovare en situation irrégulière. La gauche est chauffée

1. L'idée, trop coûteuse, sera abandonnée.
2. Le 5 février 2014.

à blanc. Une semaine après l'arrestation de la jeune fille à la descente d'un bus scolaire, Valérie Trierweiler, en déplacement à Angers, déclare la guerre à Manuel Valls. Devant les caméras, la première dame lâche : « Il y a sans doute des frontières à ne pas franchir, et cette frontière est la porte de l'école. »

La déflagration politique est immédiate : « Hollande "textotait" hystériquement avec Valérie, l'affaire montait à toute vitesse », se souvient un membre du cabinet[1]. Le lendemain matin, le chef de l'État, sans avoir consulté quiconque, propose à la jeune fille, lors d'une allocution télévisée, de revenir en France mais sans sa famille. Consternation du cabinet.

La proposition déclenche l'une des plus grosses tempêtes politiques du quinquennat, or… « Sérillon n'a pas été joignable du week-end, car il était à la campagne, dans le Gard, avec Catherine Ceylac[2]. Hollande a gueulé comme rarement[3] ! », raconte une attachée de presse.

Désormais, le président en est convaincu : il faut un « calibre » à la com'.

Six mois plus tard, le journaliste, définitivement « marginalisé », comme il le dit lui-même, est gen-

1. Entretien avec les auteurs.
2. Son épouse, présentatrice de « Thé ou café » sur France 2.
3. Entretien avec les auteurs.

timent remercié par le chef de l'État. Immédiatement, ceux qui, comme lui, n'ont pas trouvé leur place au château, l'ont invité à déjeuner, espérant entendre le récit de son calvaire. En vain : « Avec Hollande, le lien n'est pas rompu, ils se revoient et échangent des textos, raconte un ancien du cabinet. Claude dit toujours beaucoup de bien du président, il n'est pas amer. Mais il a le sentiment d'un énorme gâchis personnel, d'avoir brûlé ses vaisseaux alors qu'il avait une place chez Drucker. »

Si, en ce deuxième hiver du quinquennat, le chef de l'État décide de changer de braquet, c'est aussi que la « séquence » politique qui se profile va le contraindre à un exercice de pédagogie inédit. La crédibilité de la parole élyséenne est entamée.

Alors, en décembre 2013, c'est au manœuvrier Aquilino Morelle qu'il confie, de façon formelle, le soin de communiquer sur le Pacte de responsabilité et de solidarité que l'Élysée compte proposer aux entreprises.

Pourtant, entre le chef de l'État et son conseiller politique, les relations s'étaient gravement détériorées après Florange et la guerre Ayrault-Montebourg[1].

1. En novembre 2012, Mittal, le géant indien de l'acier, avait annoncé qu'il souhaitait fermer ses hauts fourneaux

S'ajoute à cette méfiance politique un problème de style. Sa posture de « petit marquis », comme on le surnomme au château, détone quand l'une des règles tacites de la présidence de Hollande exige des conseillers une certaine sobriété médiatique.

Pourtant, en janvier 2014, juste après les révélations de *Closer* sur sa liaison avec Julie Gayet, François Hollande le nomme officiellement responsable de toute la communication de l'Élysée. Un titre qui se révèle d'autant moins être une promotion que très vite, le conseiller constate, comme ses prédécesseurs, qu'il ne peut rien à ce poste : « Au moment où il a fini par me nommer à la communication, il se méfiait de moi et avait commencé à organiser mon départ. De toute façon, il ne voulait pas communiquer[1] ».

De fait, bien des choses échappent, depuis le début, aux hérauts de la parole présidentielle – y compris au dernier nommé à ce poste, Gaspard Gantzer. Car François Hollande n'a jamais cessé de s'entretenir avec les journalistes en direct. Le numéro

---

de Moselle. Soutenu par Aquilino Morelle, Arnaud Montebourg, ministre du Redressement productif, plaidait pour une nationalisation du site. Le 1er décembre, le Premier ministre Jean-Marc Ayrault l'a publiquement désavoué, excluant toute idée de nationalisation.

1. Entretien avec les auteurs.

de portable de « sa vie d'avant », le 06.22..., est toujours actif. Des journalistes ainsi que nombre d'éditorialistes ont des liens privilégiés et réguliers avec le chef de l'État. Et ce n'est pas moins d'une cinquantaine de reporters qui lui adressent régulièrement des SMS, auxquels il répond le plus souvent.

« Le moindre confrère qui enquête sur un ministre ou une affaire mineure a droit à son rendez-vous avec le président. Depuis ses premiers pas dans la carrière, il les cajole, même ceux qui le traînent dans la boue, écrivait Valérie Trierweiler[1]. De mémoire de reporter politique, je n'ai jamais connu une telle fusion avec la presse. Même Nicolas Sarkozy est plus distant avec les médias. C'est dire ! »

Aquilino Morelle, lui aussi, répétait souvent au chef de l'État qu'il ne devait pas être si accessible à la presse. En vain : « Hollande a toujours conservé des contacts étroits et fréquents avec certains journalistes, court-circuitant ses conseillers, ses ministres. Gravel et moi en avions la preuve quotidienne, observait le conseiller. Le problème, c'est qu'il leur disait parfois le contraire de ce qu'il m'avait demandé de dire. Mais... il est assez solitaire, Hollande, avec son téléphone[2]. »

1. *Merci pour ce moment*, Arènes, 2014.
2. Entretien avec les auteurs.

C'est ainsi qu'en février 2015, directement sollicité par Serge Raffy, l'une des plumes de *L'Obs*, François Hollande a accepté sans consulter son entourage l'idée d'une séance photo présentant les jeunes conseillers qui composent sa nouvelle équipe : une bande de trentenaires et de quadras arrivés au château en 2014, dont certains tutoient le président. À un mois des élections départementales, François Hollande pensait ainsi traduire sa volonté de faire émerger une nouvelle génération qui, peut-être un jour, se frotterait au suffrage universel et deviendrait politique…

En découvrant ces vieux ados endimanchés prenant la pose dans un salon XVIIIe, les vieux briscards du palais ont failli s'étrangler : « Cette photo est dingue ! On construit médiatiquement, et donc politiquement, un entourage. Le canapé, la mise en scène de l'antichambre, c'était censé faire *House of Cards*… Mais ça montrait surtout que l'entourage du président était composé de jeunes sans expérience issus de la noblesse d'État. Ça aggrave les présupposés des gens. On en a beaucoup beaucoup entendu parler pendant la campagne des départementales[1]… », critique un conseiller élyséen, ami de vingt ans du président.

1. À ce sujet, la sociographie de l'entourage de François Hollande réalisée dans *Le règne des entourages*, par les

Au château, les jours qui suivirent la parution de l'hebdomadaire ne furent pas agréables pour Gaspard Gantzer (nouveau conseiller communication), Constance Rivière (directrice de cabinet adjointe, devenue conseillère culture), Boris Vallaud (secrétaire général adjoint), Nathalie Ianetta (conseillère jeunesse et sport) ou Audrey Azoulay (conseillère culture et communication, nommée ministre de la Culture).

Mais l'ironie de la vieille garde et les moqueries qu'ils essuyèrent (« photo grotesque », « brochettes de jeunes cons inconsistants »...) ne furent rien en comparaison de celles qu'a dû encaisser Jean-Jacques Barberis, le conseiller conjoncture et financement de l'économie, désormais conseiller aux Affaires économiques qui, à 36 ans, arbore un nœud papillon et un improbable look de dandy.

Rebaptisé « Tanguy », ou « l'homme à la pochette de soie » par les membres du cabinet, le juvénile énarque, qui s'est retrouvé en couverture de l'hebdomadaire, a mis du temps à s'en remettre. Malgré lui, Jean-Jacques Barberis était devenu l'incarnation d'un changement profond chez François Hollande, en ce début d'année 2015 : « Depuis qu'il a changé de femme, qu'il s'est débarrassé des conseillers qui

---

chercheurs Jean-Michel Eymeri-Douzans, Xavier Bioy et Stéphane Mouton, aux Presses de Sciences Po, est édifiante.

lui cassaient les couilles [sic] et qu'il a un gouvernement aux ordres, Hollande est enfin lui-même. Il s'entoure de gens qui n'ont aucune consistance politique. Ils doivent tout au président et ont une pensée de technocrates réformistes, sociale-libérale[1] », décrypte l'un de ses collaborateurs, las.

Libéré, le chef de l'État s'entoure de « technos » parce qu'il veut être le seul politique à bord du vaisseau Élysée.

Gaspard Gantzer l'a bien compris. Il a été nommé à la tête du service de communication de l'Élysée le 23 avril 2014, juste après le départ fracassant d'Aquilino Morelle.

François Hollande désespérait alors de trouver communicant à son pied. Ceux qui s'étaient succédés à ce poste depuis 2012 l'avaient déçu, ou gêné. « François a choisi Gaspard pour le confort qu'il lui procure : des gens comme lui ne sont jamais dans la contradiction, jamais dans l'injonction, même polie. Ça développe du conformisme, mais c'est reposant », sourit un proche du président.

En moins de deux ans, Gaspard Gantzer, qui ne connaissait pas le président de la République avant son arrivée, a réussi à occuper l'espace au point

1. Entretien avec les auteurs.

de devenir l'un des piliers du cabinet, et même, parfois, un invité des soirées à la Lanterne. Il y a notamment passé un 31 décembre 2014 avec le couple François Hollande-Julie Gayet, Jean-Pierre Jouyet et son épouse Brigitte, Boris Vallaud et sa femme, Najat Vallaud-Belkacem. Le jeune homme, qui a soutenu tour à tour Dominique Strauss-Kahn puis Martine Aubry à la veille de la primaire socialiste en 2011, n'a pourtant jamais été un « hollandais » zélé.

Fils de médecin, poussé dans le cossu XVe arrondissement de Paris, Gaspard Gantzer possède l'aisance des gens bien nés. Engagé au parti socialiste depuis 2000, il a fait ses classes dans les marigots les plus exigeants du parti : en tant que porte-parole de Bertrand Delanoë à la mairie de Paris de 2010 à 2013, puis au cabinet de Laurent Fabius au quai d'Orsay. Mais ce qui compte le plus aux yeux du président, c'est que Gaspard Gantzer est un homme du sérail, adoubé par ses intimes. Jean-Pierre Jouyet, le meilleur ami de François Hollande, l'a chaudement recommandé. Tout comme le communiquant Robert Zarader, compagnon de route du chef de l'État depuis trente ans. Nicolas Revel, ancien de la mairie de Paris devenu secrétaire général adjoint de l'Élysée, avec Emmanuel Macron, son copain de la promotion Senghor à l'ENA, ont soutenu sa candidature. Partant de là, peu importe au président que Gaspard Gantzer lui soit inconnu : il est des leurs.

Alors que les réseaux Havas (proches de Manuel Valls) se déploient dans les ministères, Gaspard Gantzer active les réseaux Delanoë, et recrute Virginie Christnacht, une autre protégée de Jean-Pierre Jouyet, au service de presse de l'Élysée. Son père, Alain Christnacht, ex-conseiller au cabinet de Lionel Jospin dont Jean-Pierre Jouyet était le directeur adjoint à Matignon, pilotait quant à lui le bureau de Christiane Taubira place Vendôme jusqu'en janvier 2016. Gaspard Gantzer sait que la cooptation et l'endogamie ne sont pas des tares en Hollandie, où l'on fait de la politique en famille. N'a-t-il pas lui-même rejoint sa femme, Émilie Lang[1], en poste au service de presse de l'Élysée depuis 2012 ?

Avant François Hollande, aucun président n'avait jamais donné aux médias un si large accès au palais. Happé par une véritable frénésie médiatique, le président parle à tout le monde : une interview accordée à *Society* le 20 mars 2015 pour toucher les bobos, une autre à la chaîne pour enfants Gulli le 20 septembre de la même année

1. Nommée conseillère au service de presse du ministère de la Culture en février 2016.

pour séduire les familles, une troisième au *Chasseur français* en octobre pour draguer les électeurs du Front national à deux mois des régionales…

Les ficelles ne sont pas fines, mais, depuis les attentats de janvier 2015, le président fait de la communication l'outil de sa reconquête de l'opinion. Le 55, rue du Faubourg-Saint-Honoré est devenu une maison de verre où l'on a tourné des sujets pour les journaux télévisés de TF1 et de France 2, un reportage pour « 7 jours en France » de France 24. *M-Le Monde* a fait sa une sur le château, « Zone Interdite » a eu droit à sa plongée dans les « secrets et coulisses du palais ». Deux journalistes ont publié un livre de photos, le dessinateur Mathieu Sapin y a esquissé ses planches pendant un an, Yves Jeuland y a planté sa caméra six mois durant, comme Patrick Rotman et Pierre Favier avant lui…

À l'heure Gaspard Gantzer, l'Élysée est même passé en mode strip-tease avec le récit « maison » de la web-série « L'Élysée in et off », disponible sur le site internet du palais… Les conseillers, au château, se sentent « scrutés », au point que nombre d'entre eux, en septembre 2015, n'ont pas souhaiter assister à la projection du film d'Yves Jeuland, *Un temps de président*[1], organisée dans la salle de cinéma de l'Élysée.

1. Diffusé le 29 septembre 2015 sur France 3.

Pour Gaspard Gantzer, pourtant, « il y aura bien un avant et un après Jeuland », observe un ancien porte-parole de l'Élysée. Le film se révèle être une catastrophe en termes de communication politique confortant les téléspectateurs dans l'idée de l'impuissance des politiques. Pire encore : la séquence où François Hollande et Manuel Valls conseillent à Fleur Pellerin, fraîchement nommée à la Culture, d'aller « voir Jack [Lang] » pour qu'il lui donne des idées, illustre de manière implacable le cynisme du président et de son Premier ministre dans une période de perte de confiance des citoyens.

Dans une enfilade de crissements de pneus de berlines et d'huissiers à colliers qui ouvrent et ferment des portes, Gaspard Gantzer sert de fil rouge au film. Il sent que le président n'a pas apprécié qu'il lui vole la vedette. Bien sûr, comme d'habitude, Hollande n'a rien dit. Seulement a-t-il lâché, le 2 octobre, en réunion de cabinet, que le film « n'avait aucun intérêt ».

Un président bien mal protégé

« Si je dois prendre un coup de couteau, je prendrai un coup de couteau », a l'habitude de répondre François Hollande à ceux qui s'étonnent de son insouciance. Il ne se préoccupe pas de sa sécurité personnelle. C'est une éthique, et même un choix politique assumé.

Selon lui, certaines circonstances imposent que l'exécutif soit présent en dépit des risques comme lorsqu'il se rend devant la rédaction de *Charlie Hebdo*, le 7 janvier 2015, juste une heure après que les frères Kouachi viennent d'y abattre douze personnes.

L'émotion est considérable, les chaînes d'information en continu multiplient les directs depuis la rue Nicolas-Appert, où urgentistes et polices technique et scientifique s'activent encore. Mais ce jour-là, le président de la République avait clairement tordu le bras de sa garde rapprochée, qui avait cédé.

En France – à la différence des États-Unis où, par disposition constitutionnelle, le Secret Service chargé de la protection du président lui dicte sa conduite –, le « corps du roi » relève du libre arbitre présidentiel. Face au GSPR (Groupe de Sécurité du président de la République), François Hollande fait ce qui lui plaît.

Le 7 janvier, « on n'a même pas fait passer un chien. Nous avons emmené le président dans un espace suicidaire », a admis, plus tard, un membre du GSPR[1]. Une visite effectuée au mépris de toute procédure, qui prévoit qu'au moins un « précurseur » se rende sur les lieux afin de s'assurer qu'ils soient bien sécurisés avant la venue du président et de son entourage.

Le risque est d'autant plus grand « qu'au vu des opérations extérieures de l'armée française et du risque terroriste sur le sol national, François Hollande est l'un des chefs d'État les plus menacés au monde », notait *Le Monde* en mai dernier. En agissant de la sorte, nombre des 61 policiers et gendarmes du GSPR estiment désormais que le chef de l'État les expose, eux aussi, de façon inconsidérée.

---

1. *Le Monde*, 27 mai 2015

Et, ils ne sont pas les seuls. Le 11 janvier 2015, alors que se préparait à Paris la grande marche d'hommage aux victimes des attentats de *Charlie Hebdo* et de l'Hyper Casher à laquelle ont participé de très nombreux chefs d'États, la question de la sécurité s'est à nouveau posée avec acuité, au grand dam des organisateurs élyséens.

Pour l'entourage de François Hollande, le sujet, crucial aux yeux de nombreux dirigeants étrangers, n'est pas prioritaire... Ainsi, le car prévu par les autorités françaises pour le transport des personnalités n'était-il pas blindé. François Hollande avait pourtant assuré Benyamin Netanyahou du contraire lorsque ce dernier, qui venait d'enfiler discrètement un gilet pare-balles dans la cour de l'Élysée, lui avait posé la question. Aucune voiture suiveuse n'était prévue pour les escorter, et le trajet n'avait pas été sécurisé. Quant aux gardes du corps, ils étaient clairement trop peu nombreux, selon l'avis des entourages des Premiers ministres turc et israélien.

Si ces derniers, très inquiets, ont tout de même défilé, le ministre de la Justice américain, Eric Holder, qui participait le matin même à une réunion sur la lutte contre le terrorisme au ministère de l'Intérieur, n'a fait qu'une brève apparition au déjeuner organisé dans la salle des fêtes, avant de disparaître. Le Secret Service, chargé de la protection des officiels américains, lui a interdit de prendre part à la manifestation, faute de précautions suffisantes.

En France, le symbole politique prime et, comme Jacques Chirac avant lui, François Hollande se sent ralenti, empêché par les contraintes imposées par le GSPR. Le 13 novembre 2015, aussitôt l'assaut de la BRI terminé, il a tenu à se rendre immédiatement au Bataclan, où quatre-vingt-neuf personnes ont été tuées et plus de cent blessées par trois kamikazes.

Il est 1 h 30 du matin. Le président de la République est accompagné du Premier ministre, Manuel Valls, du ministre de l'Intérieur, Bernard Cazeneuve, de la garde des Sceaux, Christiane Taubira, et de la maire de Paris, Anne Hidalgo. Après une rencontre avec des secouristes au café La Royale, les pompiers, épuisés, s'agacent : le convoi des officiels (cinq voitures et quatre motos, dont la Citroën blindée du président), garé de façon à pouvoir repartir sans obstacle en cas d'urgence, vient ajouter à l'agitation ambiante, prenant le risque de gêner les secours. Cette fois, l'Élysée a cru prévenir toute polémique sur la sécurité du président en l'entourant d'hommes aux gilets pare-balles apparents, pistolets automatiques dégainés.

Vain affichage : une fois de plus, le terrain n'a pas été déminé, une voiture garée alentours aurait pu être piégée. Rien, cette nuit-là, n'aurait pu empêcher un scénario à l'irakienne (un premier attentat destiné à attirer sur les lieux une délégation officielle avant qu'une deuxième bombe n'explose parmi eux) de se dérouler. On apprendra quelques jours plus tard lors d'une conférence de presse du procureur de Paris, François Molins, qu'Abdelhamid Abaaoud[1] était revenu devant le Bataclan une heure avant que François Hollande n'y arrive. Aux États-Unis, de telles situations seraient inconcevables : un attentat contre le chef de l'État ne ferait qu'ajouter de la crise à la crise...

Le risque est d'autant plus grand que, depuis 2012, la sécurité du président de la République est régulièrement prise en défaut. Les membres du GSPR, passés de 90 à 61 ces trois dernières années par souci d'économie, ont déjà un lourd passif.

Trop peu exercés[2], en effectifs réduits, les gardes du corps du président de la République sont soumis à des rythmes de travail intenses. Les sessions annuelles d'entraînement au tir, tout

1. L'organisateur des attentats de Paris, mort dans l'assaut du RAID à Saint-Denis le 18 novembre 2015.

2. Alors que les policiers du SDLP avaient coutume de dispenser des formations en protection rapprochée à l'étranger, ils sont le plus souvent remplacés par des gendarmes du GIGN.

comme les plages de congés, sont bien souvent interrompues, car les fonctionnaires sont rappelés en mission.

François Hollande se déplace beaucoup, en France ou à l'étranger, et multiplie les sorties privées le soir. Très sollicités, certains membres du GSPR se révèlent de surcroît dangereusement étourdis. Comme en mai 2012, lorsque François Hollande, qui vient d'être élu, rend visite au président socialiste du Sénat, Jean-Pierre Bel.

Pendant que le nouveau locataire de l'Élysée désigne les nombreux collaborateurs de Jean-Pierre Bel qui rejoindront le palais, un membre du GSPR s'éclipse aux toilettes. Lorsqu'il réapparaît, il n'a plus son arme de service, oubliée dans les toilettes « visiteurs » de la présidence…

C'est un membre de l'équipe de Jean-Pierre Bel qui tombe dessus et la rapporte au policier, plus que gêné. Ce jour-là, les fillettes de Sandra Thévenoud, la cheffe de cabinet, jouent dans les couloirs. La mésaventure de l'agent n'a jamais été rendue publique, à la différence de celle qui a suivi un mois plus tard[1].

Le 19 juin 2012, alors que l'avion de François Hollande se pose sur le tarmac de l'aéroport de Rio,

1. *Le Canard enchaîné*, 27 juin 2012.

au Brésil, où le président doit assister au Sommet de la Terre, les membres du service de sécurité manifestent un certain embarras au moment de présenter leurs armes aux autorités locales. Pour des raisons de sécurité, ces dernières doivent recenser les armes des services de protection des délégations étrangères et s'assurer qu'elles repartent dans leur pays d'origine au moment du retour.

Mais à Rio, impossible de mettre la main sur la mallette sécurisée contenant les six Glock des hommes du GSPR. Et pour cause : les armes étaient tout simplement restées à l'Élysée. Résultat : la protection du président s'est faite « à l'ancienne, à mains nues, révèle alors un membre du GSPR. De mémoire de flic, c'est une première. »

À Paris, c'est le *black-out*. Lors d'un point presse, la porte-parole du gouvernement, Najat Vallaud-Belkacem dément que le président ait été protégé par des agents désarmés, et explique, sans convaincre, que « le sac oublié par le GSPR ne contenait en réalité que des "armes d'appoint" : cela a été considéré comme une faute grave de la part de l'officier qui en était responsable et donc la commissaire divisionnaire l'a renvoyé à son retour. »

En réalité, le policier responsable de cet oubli a dû quitter le GSPR, pas tant à cause de cette erreur que parce qu'il aurait tenté d'en faire porter la responsabilité à un autre membre du groupe de protection. Preuve qu'il en faut beaucoup à Sophie Hatt, qui dirige le GSPR depuis 2012, pour qu'elle consente à sanctionner ses troupes...

Première femme nommée à ce poste, la commissaire divisionnaire fait preuve d'une insondable indulgence envers ses hommes. Avant le voyage de François Hollande au Mali, le 2 février 2013, le profil du chef de mission choisi pour sécuriser le parcours du chef de l'État à Bamako et Tombouctou, deux villes tout juste reprises aux djihadistes, est de ce point de vue étonnant.

Le fonctionnaire désigné vient à peine de récupérer son arme de service – l'administration la lui avait retirée en même temps qu'elle lui avait interdit toute mission de voie publique depuis des mois. « Il a été déclaré en dépression par la médecine du travail, se souvient un ancien responsable du SPHP[1] dont dépend la sécurité présidentielle. Quelques mois plus tôt, son épouse avait appelé au service en urgence en nous annonçant que son mari était parti dans les bois avec son arme de service. Une fois qu'on l'a retrouvé, la hiérarchie

1. Service de protection des hautes personnalités, devenu Service de la protection, SDLP. Le GSPR dépend du SDLP.

a enclenché la procédure pour le désarmer[1] », se souvient le policier.

Quand est signé son ordre de mission, la médecine du travail n'a même pas encore validé son bulletin de reprise levant l'interdiction de port d'arme. Il n'y a pas eu d'incident au Mali, mais à Tombouctou les services de sécurité ont été débordés, ce qui a laissé perplexes les officiers du GSPR. « Il n'aurait jamais dû être recruté pour le service. S'il est dépressif, il a une faiblesse et ce n'est pas gérable pour une mission de ce genre[2] », estime un ancien responsable de la sécurité présidentielle.

Leurs tracas personnels ne sont pas les seuls points faibles des membres du GSPR. La question de leur manque d'entraînement est devenue brûlante depuis l'affaire du « coup de feu à l'Élysée ».

Ce vendredi 10 avril 2015, une détonation retentit au rez-de-chaussée du palais, affolant le personnel et les conseillers du président. Réunis au premier étage, celui des bureaux du chef de l'État, qui est alors absent, ces derniers alertent les gendarmes chargés de la sécurité au château.

1. Entretien avec les auteurs.
2. *Idem.*

Les membres du GSPR, eux, se sont fait discrets. Et pour cause : la balle de 9 mm a été tirée dans les toilettes du rez-de-chaussée avec un Glock 26, par l'un des policiers chargés de protéger le président.

L'affaire, pourtant grave, sera à nouveau rapidement étouffée. Selon l'Élysée, « ce n'est pas un incident de tir, ni une erreur de manipulation. Un fonctionnaire a fait tomber son arme et a tiré en voulant la rattraper à 10 cm du sol, alors qu'il aurait dû la laisser tomber ». Les armes du GSPR disposent pourtant d'une double sécurité…

Il est d'autant plus difficile d'avoir une explication convaincante de ce qui s'est passé ce jour-là que, contrairement à ce que prévoit la procédure, aucun rapport d'incident n'a été rédigé par l'auteur du coup de feu au moment des faits.

Depuis 2012, les enquêtes sur des fautes présumées ne sont plus systématiques. De même que les débriefings ne sont plus tenus qu'exceptionnellement.

Pour les responsables du GSPR, l'affaire doit s'effacer des mémoires aussi vite que l'impact de balle dans le mur du palais – le trou a d'ailleurs été prestement rebouché à l'enduit, sans que les ouvriers de l'Élysée, à qui cette tâche est normalement dévolue, ne soient sollicités.

Tout juste un mois plus tard, la sécurité du président est, une fois encore, prise en défaut lors du voyage d'État à Cuba.

Le 10 mai 2015, quelques heures avant que François Hollande ne s'installe dans sa suite de l'hôtel Nacional, un luxueux cinq étoiles en bord de mer, un Français « qui tenait des propos incohérents » a réussi à tromper la vigilance de la sécurité cubaine et du GSPR. Le sexagénaire s'est installé quelques instants dans la chambre du président de la République.

C'est une première, selon les spécialistes de la garde rapprochée des présidents. « Sous Mitterrand, Chirac ou Sarkozy, cela n'est jamais arrivé. Ni à leurs Premiers ministres », assure l'un d'entre eux. « Des vols dans les chambres des délégations présidentielles françaises, oui, mais dans la suite du président, jamais. Elle est en principe sanctuarisée en amont », précise un autre.

De fait, lors d'une visite du chef de l'État à l'étranger, une équipe de précurseurs du GSPR sécurise son parcours et son hébergement. « Jusqu'à l'arrivée de Sophie Hatt, la procédure était la suivante : la suite présidentielle était gardée par des fonctionnaires jusqu'à l'arrivée du président. Ensuite, une fois le chef de l'État installé dans sa chambre, les policiers en sortent et forment une garde statique devant la porte », précise un briscard du GSPR. La règle est claire : personne ne peut accéder au lit présidentiel sans être accompagné. Cuba est par ailleurs considéré comme un pays à risques. Une action d'éclat contre un hôte étranger de prestige, l'installation de micros ou le vol de documents sensibles, ne sont jamais exclus par les services spécialisés.

Une fois de plus, pourtant, le service de sécurité de François Hollande est pris en défaut, sans conséquence pour la patronne du GSPR.

En juin 2012, il n'a fallu que vingt minutes à François Hollande pour recruter cette brune athlétique alors en charge des questions d'immigration à la direction du renseignement de la préfecture de police. Bien entendu, elle n'était pas arrivée dans le bureau présidentiel par hasard. Dès le mois de mars, Manuel Valls, chargé de la communication du candidat socialiste avait évoqué le nom de la commissaire, qu'il avait connu alors qu'elle était responsable, à seulement 32 ans, de la sécurité de Lionel Jospin à Matignon.

Dès le printemps 2012, Sophie Hatt pressentait qu'elle avait toutes ses chances. Dans les milieux policiers, tout le monde savait que la commandante du SPHP qui veillait sur François Hollande depuis la primaire mais avait déplu à Valérie

Trierweiler, ne le suivrait pas à l'Élysée[1]. Or, la direction du GSPR, vacante, est un poste extrêmement convoité.

À la veille du premier tour, trois zélés commissaires se sont même spontanément portés candidats, faisant carrément déposer leurs curriculums au QG de campagne du PS par un brigadier-chef. Mais Dominique Guiseppi, le mari de Sophie Hatt, un commissaire issu du SPHP connu pour ses affinités sarkozystes, et Christophe Perez-Baquey[2] ont fait les frais de leurs méthodes cavalières. Très méfiant à l'égard de la police, que les socialistes soupçonnaient d'être à la solde du candidat de l'UMP, Frédéric Monteil, l'ancien assistant parlementaire de François Hollande à Tulle, passe aussitôt les trois CV à la broyeuse. Qu'on se le dise : on n'entre pas sans solides recommandations dans la galaxie hollandaise quand on est policier.

À la différence de son mari et de ses acolytes, Sophie Hatt, elle, a bénéficié de l'appui décisif de l'ex-entourage de Lionel Jospin à Matignon de 1997 à 2002.

---

1. « La commandante de police chargée de la sécurité de Trierweiler écartée », *L'Express*, 21 juin 2012.

2. Il s'est suicidé en septembre 2014 alors qu'il prenait ses fonctions à l'ambassade de France à Bagdad.

La mission de la première femme flic de l'Élysée n'a pourtant pas toujours été facile à mener, depuis trois ans. Au château, tous savent que le président de la République est rétif aux consignes édictées par le GSPR. Aussi, refuse-t-il par exemple de griller les feux rouges – « Aucun service de sécurité dans le monde n'autoriserait ça, à part nous ! s'étrangle un policier, la règle, c'est que le véhicule du PR doit toujours être en mouvement pour ne pas être une cible. Mais Sophie Hatt n'a pas le pouvoir de le dissuader de faire ce qu'il veut. » Résultat : tout le monde préfère se faire discret sur les nombreux loupés de la sécurité présidentielle.

C'est d'ailleurs ce qui explique qu'en avril dernier, au lendemain des révélations sur le « coup de feu à l'Élysée », la patronne du GSPR a vu rouge et convoqué tous ses effectifs dans la salle de réunion du premier étage de l'Élysée : « En parlant à la presse, vous êtes passibles de poursuites, vous pouvez être sanctionnés administrativement ! Si vous voulez partir, la porte est grande ouverte », a-t-elle alors grondé. Sophie Hatt n'a pas envie de voir souligner l'inefficacité du dispositif de sécurité mis en place autour du président.

Pourtant, les multiples « paparazzades » dont il est victime depuis la révélation de sa relation avec

Julie Gayet en sont la preuve. En feintant avec les procédures, il prend parfois de vrais risques. Comme lorsqu'il allait retrouver la blonde actrice dans l'appartement du 20, rue du Cirque, dans le VIIIe arrondissement de Paris.

Sur la boîte aux lettres figurait le nom d'un acteur corse de la série « Mafiosa ». La ligne téléphonique était également à son nom. Or, le Corse n'est pas seulement l'ancien compagnon de l'amie de Julie Gayet, qui loue avec ses enfants l'appartement depuis trois ans, il est aussi une vieille connaissance de la justice : il n'est autre que l'ancien directeur des jeux du Cercle Wagram, suspecté de financer l'organisation criminelle corse de la Brise de Mer jusqu'à sa fermeture administrative en 2011. Dans ce dossier, il a écopé de dix-huit mois de prison avec sursis. Et, ce n'est pas tout. Depuis sa séparation d'avec l'acteur, l'amie de Julie Gayet partageait sa vie avec un proche de la Brise de Mer, François Masini, assassiné en Corse en mai 2013.

« Cet appartement aurait pu être sonorisé pour les besoins de l'enquête, s'étrangle un grand flic. Et personne n'avait prévenu Sophie Hatt ! » Nul doute que si cette dernière avait été avertie, et que la police avait cartographié, comme elle doit le faire régulièrement, le voisinage du palais présidentiel, elle aurait reconnu les patronymes des bandits corses. Quelques années plus tôt, la commissaire était en effet l'adjointe du coordinateur des forces de sécurité en Corse, alors que son mari dirigeait la Sécurité publique en Haute-Corse, d'où Masini était originaire…

D'autant que plusieurs membres du dispositif de protection élyséen auraient pu faire remonter l'information à la patronne. En l'occurrence, les deux « sièges[1] » du président, qui, depuis qu'il fréquente en cachette Julie Gayet, l'accompagnent partout. Le plus proche du président est dans doute celui que ses collègues surnomment « Lardon[2] », un agent qui, loin d'avoir un physique d'athlète, est pourtant précieux aux yeux de François Hollande. Témoin privilégié des escapades présidentielles, il connaît les secrets les plus intimes du quinquennat.

À la demande de l'entourage de François Hollande, Lardon assurait déjà la sécurité du candidat socialiste pendant la campagne. Sa présence dans le dispositif avait d'ailleurs étonné, dans les milieux policiers. L'homme n'est pas franchement réputé proche du terrain. Il a créé en 2004 une entreprise de formation, dont le siège est à Paris, et qui

1. Les deux garde du corps qui montent tour à tour avec lui en voiture.

2. La loi interdit de donner le nom des membres du GSPR.

dispense des cours de secourisme aux entreprises et collectivités. « Ce policier avait été recruté au SPHP pour faire de la formation au secourisme et à l'usage du défibrillateur. Lorsqu'il a été choisi par le QG de Hollande, il n'avait pas passé les épreuves de formation à la protection rapprochée que doivent suivre tous les effectifs », raconte l'un des anciens supérieurs de Lardon.

Mais l'agent bénéficie d'un appui solide en la personne d'un major, militant socialiste et policier depuis trente ans. Le délégué du syndicat Unité (classé à gauche) au SPHP, qui à l'époque assure la protection de Lionel Jospin et tutoie les deux frères Bartolone, connaît la rue de Solférino comme sa poche[1]. C'est ce vieux camarade que le candidat François Hollande charge, en 2011, de recruter sa garde rapprochée. Très vite, il impose et cornaque Lardon, qui dirige la sécurité du candidat socialiste avec le service d'ordre du PS.

Lorsque François Hollande entre à l'Élysée et qu'il nomme Sophie Hatt à la tête du GSPR, la commissaire tombe de haut : « Elle est arrivée huit mois après Lardon, il avait déjà pris la main sur les équipes. Maintenant, elle doit faire avec, note un vieux briscard du service. Elle a promu deux

---

1. Toujours membre actif du SDLP, il travaille au service de Claude Bartolone.

autres sièges aux côtés du président, histoire de savoir un peu ce qui se passe. » L'un, surnommé Neunoeil, est un fonctionnaire très bien noté qui a protégé François Fillon et Nicolas Sarkozy avant de faire la une de *Closer*, un sac de croissants à la main. L'autre a hérité du surnom flatteur de Kevin Costner, notamment depuis son apparition le 11 janvier 2015 derrière le président.

Aux yeux de la patronne du GSPR, Lardon est un électron libre. Il mène, avec Neunoeil, les missions « parallèles » dont le charge le président, comme le 5 février 2015 lorsque ce dernier accompagne Julie Gayet sur un tournage à Rennes[1].

La compagne du président dispose depuis d'une protection personnelle, composée de deux équipes tournantes de deux policiers et de deux gendarmes[2]. Une situation embarrassante pour l'Élysée : François Hollande et Julie Gayet, qui se faufile presque chaque jour au château par la grille Gabriel, n'ont pas officialisé leur relation. Or, selon la Cour des comptes, le coût annuel d'un officier du GSPR en 2010 est de 71 879 euros en moyenne mais peut monter jusqu'à 100 000 euros.

---

1. « Les privilèges d'une première dame », *Closer*, février 2015.

2. Un appel à candidature a d'ailleurs été lancé pour remplacer les agents auprès du président.

C'est encore Lardon qui « verrouille » tout ce qui a trait à la vie privée de François Hollande. Ainsi, Sophie Hatt sait très bien que, depuis longtemps, l'agent organise dans son dos toutes les « exfiltrations secrètes » du président, avec la complicité d'Isabelle Sima, la chef de son cabinet, chargée de toutes les questions logistiques. Une fidèle parmi les fidèles, dont les parents corréziens ont hébergé François Hollande à Tulle pendant la campagne législatives de 1988. Il n'est pas rare de trouver Isabelle Sima et Lardon le soir, en tête-à-tête dans le bureau de cette dernière, discutant autour d'un plateau repas.

Isabelle Sima et Lardon sont les seuls à connaître l'agenda secret du chef de l'État et à organiser ses disparitions estivales... Ce sont eux, par exemple, qui ont eu l'idée de tromper les paparazzis en août 2014, en faisant croire que François Hollande était à la Lanterne, à Versailles. « Ils ont demandé aux gardiens d'allumer et d'éteindre les lumières, de faire livrer du pain frais tous les matins. Ils faisaient venir des voitures officielles avec des parafeurs[1] », se souvient, amusé, un proche du président.

En réalité, François Hollande, dès la fin du dernier conseil des ministres, avait discrètement sauté dans un monospace de la régulation, où ses

1. Entretien avec les auteurs.

valises avaient préalablement été rangées par le service privé. Direction : la Garde-Freinet, dans le Var, chez Virginie Taittinger, la belle-sœur de Jean-Pierre Jouyet, chez qui il va séjourner du 9 au 14 août.

En dépit des précautions prises pour garder le secret, un paparazzi a immortalisé le président de la République torse nu au bord de la piscine, couvert de crème solaire[1]. Le cliché, assez peu flatteur pour le chef de l'État, est signé Sébastien Valente, le photographe officiel de Nicolas Sarkozy. Même si le paparazzi est toujours très bien tuyauté, la fuite avait de quoi étonner, tant le secret des vacances présidentielles avait été bien gardé. Même les majordomes du service privé ignoraient où se trouvait exactement leur patron.

Il n'en fallait pas plus pour que certains regardent avec perplexité l'amitié de vingt ans qui lie Lardon à l'un des anciens sièges de Nicolas Sarkozy. C'est ce dernier qui, en 2005, avait introduit Lardon, alors formateur en secourisme, au SPHP. Et c'est auprès de lui que l'actuel siège de François Hollande avait sollicité, en 2008, une recommandation pour aller assurer la protection de Louis Sarkozy, parti s'installer à New York avec sa mère et son beau-père,

1. « François Hollande, ses vacances sans Julie », *Voici*, 14 août 2014.

Cécilia et Richard Attias… En vain : il n'avait pas la formation nécessaire.

Chez les patrons de la sécurité élyséenne, on en rit encore : « Vous savez au SPHP, la blessure la plus fréquente c'est la luxation de l'épaule. À cause du retournement de veste… »

Le cabinet noir

Décembre 2012. Le sapin de noël scintille dans la cour de l'Élysée. Veste sombre et pas pressé, Edwy Plenel se fait annoncer et pénètre dans le bureau de François Hollande. Le site d'informations qu'il dirige, Mediapart, vient de révéler que le ministre du Budget, Jérôme Cahuzac, détient un compte en Suisse.

Entre le président de la République et le journaliste, qui se connaissent bien, le tête-à-tête s'éternise. Jérôme Cahuzac prend partout des postures d'homme blessé, dément avec virulence. Mais, au moment où Edwy Plenel prend congé, François Hollande sait à quoi s'en tenir. Mediapart maintient ses accusations.

Pourtant, alors que beaucoup le pressait d'agir et de se séparer de son ministre, le président a attendu l'ouverture d'une information judiciaire, le 19 mars 2013, pour annoncer le départ de son ministre du Budget. Les journaux ont alors eu tout le loisir de multiplier les révélations, et la droite de se déchaîner.

En avril 2013, Jérôme Cahuzac avoue finalement aux juges détenir des comptes non déclarés en Suisse. Il est mis en examen pour blanchiment d'argent provenant de fraude fiscale.

À l'Élysée, la panique gagne. Le cabinet de François Hollande cherche à allumer un contre-feu, et vite. Justement, Pierre-René Lemas, le secrétaire général, a reçu quelques temps plus tôt une réquisition judiciaire lui demandant de transmettre aux juges chargés des affaires Sarkozy les archives de l'ancien président, restées à l'Élysée[1]. Des documents auxquels, c'est la loi, l'équipe Hollande n'a pas le droit de toucher et qui, une fois classés, doivent être transférés aux Archives nationales. L'occasion est belle de détourner l'attention des journalistes, en orchestrant de nouvelles révélations contre l'ex-président.

Bernard Muenkel, le chef des télécommunications et de l'informatique du palais, a été le témoin des manœuvres de l'entourage du président pour

1. Réquisition du juge Tournaire, datée du 25 mars 2013.

intercéder dans l'une des affaires les plus sulfureuses du précédent quinquennat : le dossier Tapie. Recruté en 2011, ce quinquagénaire discret qui gérait le deuxième budget de l'Élysée et pilotait un service de quarante personnes, a été renvoyé pour avoir refusé d'obéir à un ordre émanant d'un colonel, gendarme le plus gradé du palais, le colonel Éric Bio-Farina[1].

Chargé de la sécurité du palais, ce dernier a sympathisé avec le directeur de cabinet adjoint du président, Alain Zabulon, préfet de Corrèze alors qu'il dirigeait le groupement de gendarmerie local. Il lui doit sa nomination à l'Élysée.

Depuis 2012, le gendarme se révèle être un collaborateur zélé. « Le 8 avril 2013, Bio-Farina m'a fait venir dans un salon dont il a fermé la porte, se souvient Bernard Muenkel. Il me parle alors d'une “demande” des juges qui enquêtent sur l'affaire Tapie et veut que je fouille dans l'ensemble des archives informatiques pour trouver des informations sur certaines personnes. Il se met alors à surligner des noms sur une liste[2]. » « Bernard Tapie », son avocat « Maurice Lantourne », l'ex-ministre

1. Contacté, il n'a pas souhaité répondre aux auteurs : « Vous ne pouvez pas ignorer les règles strictes et intangibles du devoir de réserve qui s'attache à l'état de fonctionnaire, a fortiori lorsque celui-ci est un militaire ».

2. Entretien avec les auteurs.

de l'Économie « Christine Lagarde » et son directeur de cabinet « Stéphane Richard », « Claude Guéant », secrétaire général de l'Élysée et son adjoint « François Pérol », et « Patrick Ouart », le conseiller justice de l'Élysée sous Nicolas Sarkozy, sont dans le viseur. Le militaire lui remet aussi une liste de « mots-clés » : « arbitrage », « Rocchi » (l'ancien président du Consortium de Réalisation), « Mazeaud », « Estoup », « Bredin » (les trois juges arbitres de l'affaire Tapie).

Bernard Muenkel est étonné : ce n'est pas à l'Élysée, mais aux Archives nationales de répondre à la requête du magistrat. Et pourquoi est-ce Éric Bio-Farina et non le magistrat Pierre Valleix, le conseiller justice de François Hollande, qui lui donne ces ordres ?

« Quand je lui ai demandé la copie de la réquisition judiciaire, il ne me l'a pas donnée, ajoute Bernard Muenkel. Je n'ai jamais reçu d'ordre écrit non plus… Alors j'ai refusé d'obéir à un ordre qui selon moi relevait de l'illégalité. » Et pour éviter que le disque dur de l'ancien cabinet, jusque-là stocké dans un coffre-fort de son bureau, ne soit exploité dans son dos, le chef du service informatique le conduit lui-même au service des archives du palais.

Quand le colonel Bio-Farina l'apprend, il entre dans une colère noire. « Je n'ai jamais été menacé comme ça, avoue Bernard Muenkel. Il hurlait, disait que je passerais un sale moment quand le juge viendrait me chercher avec une horde de policiers, et qu'il ne me protégerait plus auprès du cabinet. »

L'affaire rebondit trois jours plus tard, le 11 avril, lorsque l'informaticien reçoit un email qui n'aurait jamais dû lui parvenir. Son nom est resté par erreur dans la liste des destinataires…

Dans ce courrier, adressé à Sylvie Hubac, la directrice de cabinet de François Hollande, à son adjoint Alain Zabulon et au conseiller justice, Pierre Valleix, le colonel explique avoir consulté – en toute illégalité – la liste des personnes qui entrent et sortent du palais, le « fichier des loges », placé sous la responsabilité des gendarmes de l'Élysée qu'il dirige. Il a ainsi découvert la trace de douze visites de Bernard Tapie à Nicolas Sarkozy. Les informations sont transmises aux juges et l'affaire est relancée à grand bruit grâce à quelques fuites dans la presse.

Reste que désormais, Bernard Muenkel dispose du mail d'Éric Bio-Farina. Une trace écrite dans laquelle le gendarme de l'Élysée reconnaît que « légalement, nous ne sommes pas dans la norme », évoquant la transmission du « fichier des loges » à la justice.

Lorsqu'il est convoqué chez Sylvie Hubac, le 15 avril, Bernard Muenkel sait que son sort est scellé. L'informaticien, qui ne dort plus depuis des jours, est seul face à la directrice de cabinet et Alain Zabulon, qui dressent la liste de ses supposées insuffisances professionnelles sans jamais évoquer l'affaire des archives. « Elle était très dure, il y avait une tension incroyable. Je n'ai pas été surpris quand elle m'a dit que j'étais démis de mes fonctions », se souvient Bernard Muenkel.

Épilogue cuisant d'une semaine bien pénible. Une dernière question, pourtant, le taraude. Le président de la République cautionne-t-il les manœuvres de son entourage ?

Le 16 avril, à 11 h 30, le quinquagénaire retourne alors à l'Élysée et pousse la porte du bureau de Frédéric Monteil, un tout jeune conseiller, ancien assistant parlementaire de François Hollande à Tulle, dont les parents sont de vieux camarades du président. Bernard Muenkel et Frédéric Monteil se connaissent bien : le trentenaire détient les clés de toutes les résidences où le chef de l'État a l'habitude de se rendre, et que Bernard Muenkel a équipées en informatique ces derniers mois.

À peine entré dans le bureau, l'informaticien pose discrètement son iPhone sur la table. La fonction dictaphone est activée. « Lors de cette discussion où je l'informe de ce qu'on m'a demandé de faire et où je lui explique que j'ai refusé d'obéir, on entend Monteil me répondre : "Ils sont devenus fous ! Le président n'a pas besoin de ça en ce moment ! Je vais en parler à qui de droit", c'est à dire à Hollande, en direct. Je sais qu'il l'a fait. Les jours ont passé, je n'ai plus jamais eu de nouvelles », sourit Bernard Muenkel.

Cette conversation volée, qu'il a pris le soin de crypter, il la conserve en lieu sûr : « C'est mon assurance-vie », lâche-t-il, encore éprouvé, malgré les années qui ont passé.

Au château, tous savent que les affaires judiciaires seront au cœur de l'affrontement qui opposera le chef de l'État à Nicolas Sarkozy en 2017. Depuis l'Élysée, dans le plus grand secret, l'entourage de Hollande est donc à la manœuvre pour collecter des renseignements hors de toutes voies institutionnelles. Car si la loi du 25 juillet 2013 interdit à la garde des Sceaux d'intervenir dans des dossiers individuels, elle n'empêche pas l'exécutif d'instrumentaliser, à des fins médiatiques, certains éléments des procédures en cours…

C'est ainsi qu'en trois ans, la gauche au pouvoir a mis en place des canaux d'information efficaces et discrets. La plupart débouchent non pas chez le conseiller justice, mais directement chez le secrétaire général de l'Élysée.

Sous Christiane Taubira, réputée moins calculatrice et moins fiable que son successeur, Jean-Jacques Urvoas, le château disposait de relais place Vendôme, où des fidèles du président court-circuitaient sans scrupules la ministre de la Justice.

Ce fut notamment le cas le 26 février 2014. Ce jour-là, seul dans son bureau, Pierre-René Lemas sourit. Le bras droit de François Hollande vient de recevoir un coup de fil des plus croustillants. Dehors, il fait déjà nuit noire, ses collaboratrices sont parties. Nul témoin, donc, de sa discussion avec le cabinet de la garde des Sceaux. Un bureau dirigé par une « hollandaise » historique dont le mari, Bernard Rullier, est l'ami et le conseiller parlementaire de François Hollande à l'Élysée.

Une fois de plus, la ministre de la Justice ignore tout de cet appel au château, passé comme à l'accoutumée dans son dos. Au bout du fil, l'interlocutrice de Pierre-René Lemas ne contient pas son excitation : « Éliane Houlette a ouvert une information judiciaire pour "trafic d'influence" contre Nicolas Sarkozy. Lui et Herzog sont sur écoute depuis des mois. » L'information qu'elle vient de divulguer vaut de l'or.

Pierre-René Lemas veut en savoir plus sur les « billes » dont dispose le procureur général de Paris, François Faletti, un magistrat difficilement manipulable. Depuis quand est-il au courant, pour les écoutes ? « Il a été averti le 21 février. À la base, Sarkozy a été écouté sur les accusations de financement de sa campagne présidentielle de 2007 par Kadhafi mais les enquêteurs ont découvert une autre affaire particulièrement embarrassante, confie son interlocutrice en baissant la voix. Concrètement, via son avocat, Sarko [sic] aurait demandé à Gilbert Azibert, avocat général à la Cour de cassation, d'intercéder en sa faveur dans l'affaire Bettencourt en échange d'un poste à Monaco… »

Là encore, son interlocuteur zélé s'en occupe. Mais il s'agit d'être discret. Dans ces affaires « sensibles », la direction des Affaires criminelles et des grâces (DACG) exige habituellement du procureur général de Paris une « très forte remontée d'informations ». Or, si François Faletti fait des rapports, il refuse catégoriquement de violer la loi en communiquant des pièces du dossier à la place Vendôme. Il garde en mémoire la pression exercée par le cabinet de la garde des Sceaux au plus fort de l'affaire Cahuzac : « La chancellerie avait contacté certains de mes collaborateurs directement pour qu'ils envoient des PV », révèle, consterné, l'ex-procureur général, retraité « de force », depuis le 15 juin 2015. Cette fois, l'informateur n'a pas laissé de trace.

Le 7 mars, *Le Monde* révélait l'affaire et Mediapart publiait le verbatim des écoutes entre Sarkozy et son avocat.

Les engagements de campagne de François Hollande n'ont pas résisté longtemps à l'exercice du pouvoir. C'est en tout cas ce qui ressort du rapport de la commission d'enquête parlementaire sur la gestion par le gouvernement de l'affaire Cahuzac, publié en octobre 2013. Moins d'un an après l'arrivée de François Hollande au pouvoir, la Chancellerie, sous pression de l'Élysée, a harcelé le procureur général de Paris pour qu'il fasse remonter chaque détail de l'affaire Cahuzac : « Les députés m'ont demandé mes échanges avec la Chancellerie, raconte François Faletti. Je leur ai juste transmis le *listing* des échanges de mails : ils montraient une cinquantaine de remontées en deux mois et demi. »

Pierre-René Lemas, qui a quitté l'Élysée le 12 avril 2014, n'était pas le seul secrétaire général qui aimait se renseigner sur les coulisses judiciaires. Son successeur, Jean-Pierre Jouyet, ami intime du président depuis trente ans, a lui aussi des amis place Vendôme. À commencer par Robert Gelli, nommé à la tête de la DACG le 11 septembre 2014. Il s'agit du service le plus stratégique du ministère. À ce poste, Robert Gelli a la main sur la rédaction de la politique pénale (il rédige les lois et les circulaires), mais il est surtout le référent des procureurs et des procureurs généraux, grâce auxquels il assure le suivi des dossiers « sensibles ». C'est par lui que tout transite : les faits divers importants, le terrorisme, les affaires politico-financières... Un siège éminemment politique, selon d'anciens DACG de droite comme de gauche. « Son rôle est d'informer l'Élysée, même si ce n'est pas institutionnalisé et qu'il dépend officiellement de la garde des Sceaux. Surtout sous Taubira, qui était si faible que les affaires sensibles ne passaient pas par elle. De toute façon, depuis Chirac, tout ce qui est *touchy* est traité au château et échappe au ministre[1] », explique un ancien patron de la DACG.

La nomination de Robert Gelli été « poussée » par l'Élysée. De fait, ce méridional d'une soixantaine d'années a fait son service militaire avec François Hollande. De là à en faire « un camarade de régiment » du président, comme aime à le répéter Thierry Herzog, il y n'a qu'un pas – que l'avocat de Nicolas Sarkozy franchit un peu vite... En revanche, Robert Gelli a noué une amitié solide avec Jean-Pierre Jouyet à la fin des années 1990.

1. Entretien avec les auteurs.

Tous deux étaient membres du cabinet de Lionel Jospin à Matignon, où Jean-Pierre Jouyet officiait comme directeur adjoint de cabinet et Robert Gelli comme conseiller technique sur les questions de justice jusqu'en 2002. Nommé procureur à Nîmes, le magistrat a conservé des liens avec la « banjo », la bande à Jospin. Notoirement proche du Syndicat de la magistrature, il s'est forgé une réputation de professionnel compétent. « Ses options politiques se traduisent dans ses choix, relate un chroniqueur judiciaire nîmois. Il ne poursuivait pas les prostituées pour racolage, seulement les proxénètes. Sur la justice des mineurs, il privilégiait les mesures éducatives. Il était teigneux sur les questions de probité publique. Il était dans une approche qualitative des affaires[1]. »

Pendant des années, Robert Gelli s'est présenté comme une victime du sarkozysme, bloqué à Nîmes pendant onze ans. Nîmes, 27e tribunal de France en termes d'effectifs, siège et parquet confondus… Le magistrat soit-disant maltraité par la droite est pourtant l'un des seuls procureurs de France à être monté « hors hiérarchie », c'est-à-dire à avoir été promu en restant sur place. « J'avais plaidé sa cause auprès de Patrick Ouart [le conseiller justice de Nicolas Sarkozy] au nom

1. Entretien avec les auteurs.

du professionnalisme », raconte un juge étiqueté à droite. Finalement, même enterré à Nîmes, Robert Gelli percevait le même traitement que les procureurs des plus gros parquets de France, disposait même d'un appartement de fonction. À la tête de la Conférence des procureurs, il a donné sa pleine mesure, réveillant une institution souvent ronronnante, médiatisant ses combats. « Il a indiscutablement servi la cause du parquet. Mais c'était aussi pour revenir sur le devant de la scène, à son propre bénéfice. Il s'est remis dans le dispositif parisien, lui qu'on avait oublié », note un proche.

De fait, dès que la gauche retrouve le pouvoir en 2012, Robert Gelli est nommé procureur de Nanterre. Il est censé ramener de la sérénité dans le 5e parquet de France, hystérisé par la guerre que se sont livrés Philippe Courroye et Isabelle Prevot-Desprez sur fond d'affaire Bettencourt. Mais il piaffe d'impatience, rêve d'un poste plus « politique », comme celui de procureur de Paris. Finalement, ce sera directeur des Affaires criminelles et des grâces. L'Élysée en a décidé ainsi, et Christiane Taubira, bien qu'elle ne l'appréciât guère, n'eut pas le choix.

C'est qu'à ce poste, Jean-Pierre Jouyet veut un interlocuteur de confiance. « Le DACG communique avec le secrétaire général de l'Élysée hors de tout cadre institutionnel. Du coup, c'est *intuitu personae.* C'est toujours un magistrat qui a la confiance de l'exécutif qui est nommé à ce poste. C'est une histoire de personnes, de capacité à se parler librement, à s'appeler à toute heure », confirme un ancien chef de bureau de la prestigieuse administration centrale.

Aux manettes, le discret et affable Robert Gelli pourra, le cas échéant, user de son entregent pour faire remonter toutes les informations « utiles » pour l'Élysée dans les procédures en cours. Jean-Marie Huet, procureur général d'Aix-en-Provence dont le ressort s'étend à Marseille, a notamment été très sollicité par la DACG : « Il doit tout faire remonter concernant les affaires marseillaises ou corses : Guérini, Andrieu, Orsoni, Dassier… On nous appelle pour savoir ce qui s'est passé dans telle ou telle audition chez le juge[1] », confie un collaborateur.

Pour le château, l'enjeu est, bien sûr, de pouvoir exploiter médiatiquement les affaires, mais aussi, d'anticiper les attaques – la leçon de l'affaire Cahuzac, aux prémices de laquelle l'Élysée n'a pas été irrigué assez vite, a été apprise… Aussi

1. Entretien avec les auteurs.

le secrétaire général suit-il désormais de près les procédures visant des proches du chef de l'État, comme Faouzi Lamdaoui, soutien historique de François Hollande, nommé conseiller à l'égalité et à la diversité à la présidence. Mis en cause dans une affaire d'abus de biens sociaux en juin 2014, il fait l'objet d'une enquête durant plusieurs mois. Jean-Pierre Jouyet[1] est aux avant-postes.

Ainsi, le samedi 25 octobre 2014, alors que se tient l'habituelle réunion des chefs de pôles, le secrétaire général de l'Élysée avertit ses troupes : « J'ai eu la place Vendôme qui m'a dit que la citation pour le renvoi en correctionnel de Lamdaoui est déjà rédigée. Chez Gelli, on dit que c'est très grave, comme affaire. »

Le conseiller à la diversité, lui, ne sera averti officiellement que deux semaines plus tard… Il a démissionné de l'Élysée le 3 décembre suivant.

Si Jean-Pierre Jouyet s'intéresse aux affaires de justice, et tout particulièrement quand elles visent Nicolas Sarkozy, il dispose aussi d'alliés utiles dans les rangs de l'ex-majorité. L'épisode rocambolesque, le 24 juin 2014, de son déjeuner avec

1. Il était poursuivi pour abus de biens sociaux et fraude fiscale. La procédure a été annulée le 17 novembre 2015, les magistrats lui accordant l'exception de nullité.

François Fillon au cours duquel celui-ci l'aurait pressé d'accélérer le cours de la justice pour empêcher le retour de l'ancien président en 2017 en témoigne[1] : « Mais tapez vite ! Jean-Pierre, tu as bien conscience que si vous ne tapez pas vite, vous allez le laisser revenir. Alors agissez ! », aurait demandé l'ancien Premier ministre à celui qui fut chargé des Affaires européennes dans son gouvernement. Selon Jean-Pierre Jouyet, François Fillon faisait notamment référence à l'affaire Bygmalion ainsi qu'à celle des pénalités infligées à Nicolas Sarkozy mais payées par l'UMP après l'invalidation des comptes de campagne de l'ancien président en 2012.

N'ayant pu s'empêcher de raconter l'anecdote à deux investigateurs du *Monde*, avant de le nier, le secrétaire général de l'Élysée et les deux journalistes ont été attaqués en diffamation par l'ancien Premier ministre[2]. La défense de Jean-Pierre Jouyet, lors de la sortie du livre, en a fait sourire plus d'un : « Nous avons parlé d'autre chose [...] il ne m'a, bien entendu, pas demandé une quelconque intervention, démarche par ailleurs inimaginable. » Quant à François Fillon, il conteste farouchement

1. Gérard Davet et Fabrice Lhomme, *Sarko s'est tuer*, Stock, 2014.

2. Le tribunal a prononcé une relaxe générale le 9 juillet 2015. François Fillon a ensuite perdu en appel le 24 mars 2016.

toute demande d'intervention, tout comme le troisième convive, son ancien collaborateur Antoine Gosset-Grainville.

« Hollande lui a demandé de ne plus parler aux journalistes », assure-t-on désormais au cabinet. Le secrétaire général s'y tient. Pour en être sûr, l'Élysée lui a attribué un nouveau numéro de téléphone portable, qu'il n'est pas censé communiquer.

Mais, lassé par l'amateurisme de son équipe, le chef de l'État a décidé de changer de braquet. À moins de deux ans de la présidentielle, François Hollande a choisi de s'entourer de professionnels du renseignement, capable de déstabiliser son adversaire et de parer les mauvais coups. C'est ainsi qu'il a nommé Thierry Lataste directeur de cabinet en janvier 2015, pour succéder à Sylvie Hubac, partie au Conseil d'État.

Un casting qui en dit long : énarque, Thierry Lataste est l'ancien directeur de cabinet de Manuel Valls au ministère de l'Intérieur, un poste qu'il a conservé à l'arrivée de Bernard Cazeneuve place Beauvau. Ses spécialités : affaires sensibles, sécurité intérieure, justice et renseignement.

L'ancien préfet, clairement ancré à gauche, a gardé de précieuses antennes place Beauvau. Selon ses proches : « Hollande ne l'a pas choisi par hasard. Qui est au courant des interpellations à venir, qui procède aux auditions… ? C'est à Beauvau qu'on a les "notes ministre" les plus précises et efficaces, les éléments le mieux conceptualisés et sourcés[1] », décrypte un grand flic.

« Je suis un canal d'informations. Parmi ce que produit le ministère de l'Intérieur, je choisis ce qui peut intéresser le président », avoue le dircab de François Hollande[2]. Désormais, c'est lui qui suit les dossiers chauds et qui fait remonter les éléments utiles au président.

Grâce au préfet, l'Élysée était ainsi informé du dernier épisode judiciaire visant Nicolas Sarkozy[3], alors que les services de la Chancellerie ont découvert l'affaire dans le journal…

De quoi s'agit-il ? La juge d'instruction marseillaise chargée du dossier Air Cocaïne, Christine Saunier-Ruellan avait en effet adressé le 17 mars 2014 une commission rogatoire à la brigade financière. Profitant de l'information judiciaire ouverte à Paris pour abus de biens sociaux autour de trois vols en jet privé de l'ex-président en 2012-2013, facturés à la société LOV Group

1. Entretien avec les auteurs.

2. « Les hommes du président, saison 2 », *Le Monde*, 5 février 2015

3. « Air Cocaïne, l'incroyable géolocalisation de Nicolas Sarkozy », *JDD*, 1er novembre 2015.

de son ami Stéphane Courbit, la magistrate a demandé aux policiers « de bien vouloir procéder à toutes réquisitions utiles aux fins d'obtenir les facturations détaillées sur la période de mars 2013 à mars 2014 (avec géolocalisation pour les mois de mars et avril 2013) » des deux lignes téléphoniques de Nicolas Sarkozy. « La PJPP ayant reçu la réquisition, elle est forcément remontée jusqu'à Lataste », confirme un enquêteur[1]. Mais cette fois-ci, les policiers ont fait chou blanc : « Quant à l'exploitation des éléments relatifs aux lignes téléphoniques utilisées par Nicolas Sarkozy, il n'était mis en exergue aucun lien entre l'usage de celles-ci et l'enquête en cours », ont écrit dans leur rapport les policiers de la brigade financière.

Reste que Thierry Lataste avait d'autant moins de mal à recouper ses éventuelles informations sourcées « police » qu'il bénéficiait depuis juin 2015 d'un contact privilégié et très haut placé à la Chancellerie : imposé, comme ses prédécesseurs, par l'Élysée, le dernier directeur de cabinet de Christiane Taubira n'était autre que le préfet Alain Christnacht, le vieux compagnon de route des années Jospin.

1. Entretien avec les auteurs.

Les deux hommes se sont connus en 1997. Thierry Lataste, directeur de cabinet du secrétaire d'État à l'outre-mer et Alain Christnacht, conseiller à Matignon, furent alors parmi les principaux négociateurs de l'accord de Nouméa[1].

Le profil d'Alain Christnacht en a surpris plus d'un au ministère de la Justice : énarque, il a fait ses classes dans le renseignement en tant que chef du service des Finances de la DGSE avant d'entrer dans la préfectorale. Vieux briscard de la jospinie, sa loyauté à François Hollande est d'autant plus acquise que sa fille dirige le service de presse de l'Élysée… Il a quitté la place Vendôme après la nomination de Jean-Jacques Urvoas, le 27 janvier 2016.

De toute évidence, l'arrivée du nouveau ministre, loin de fragiliser le dispositif, le renforce implacablement. « Monsieur Sécurité » du parti socialiste pendant la campagne de 2012, le député du Finistère, qui se rêvait ministre de l'Intérieur, s'attache à transformer la Justice en annexe de la place Beauvau. La composition de son cabinet en témoigne. Son « conseiller spécial », Floran Vadillo, est un bon connaisseur de la sécurité et du renseignement, comme l'était Alain Christnacht. Quant à son directeur de cabinet, Thomas Andrieu, il n'est autre

1. Qui repousse la consultation d'autodétermination pour la Nouvelle-Calédonie.

que l'ancien directeur de cabinet adjoint de Manuel Valls quand ce dernier était ministre de l'Intérieur. Sous Bernard Cazeneuve, Thomas Andrieu avait été promu et dirigeait l'une des sections les plus importantes du ministère de l'Intérieur : la Direction des libertés publiques et des affaires juridiques. Énarque, il est issu de la promotion Senghor, comme Gaspard Gantzer, le communicant du président. L'épouse de Thomas Andrieu, elle aussi promo Senghor, a par ailleurs longtemps travaillé avec Jean-Pierre Jouyet à l'Inspection générale des finances. Ainsi la boucle est bouclée.

Dans le microcosme, ces nominations cousues de fil blanc font sourire, même si nul ne songe, assurément, à y voir une intention « d'intervenir dans les affaires de justice ».

François et Valérie
ou l'art de la fuite

Août 2015. L'été de canicule touche à sa fin. Ce jour-là, Valérie Trierweiler est de bonne humeur. D'ailleurs, quand on lui demande à quoi elle travaille, elle plaisante : « J'écris le tome II. » Une blague censée montrer que c'est elle, désormais, qui a la main. La preuve, aussi, que l'énorme succès de *Merci pour ce moment* ne l'a pas vraiment apaisée.

L'ex-compagne de François Hollande, qui a quitté l'Élysée fin janvier 2014 après la révélation de la liaison du président avec Julie Gayet, se délecte de sa capacité de nuisance. « Valérie est une grenade dont on ne sait pas, au final, si elle est vraiment désamorcée », lâche-t-on à l'Élysée.

Bien entendu, entre eux, cela ne pouvait pas durer. Et Valérie Trierweiler le savait, au fond, depuis longtemps. Son histoire d'amour avec « Hollande », comme elle l'appelle désormais, s'est arrêtée en septembre 2011, précisément le jour où ce dernier a rencontré l'actrice Julie Gayet lors d'un déjeuner organisé par Julien Dray.

« Hollande » a eu un coup de foudre, et a commencé à s'éloigner. Le sentant, Valérie a entrepris de s'immiscer dans son agenda, de se mêler de ses relations – jusqu'à empêcher toute femme, notamment journaliste, de l'approcher. On la dépeint en harpie, alors qu'elle est simplement blessée, à vif : dès le lendemain de la primaire socialiste d'octobre 2011, le staff du candidat se met à la traiter « d'hystérique », tandis que François Hollande, lui, la considère comme une entrave possible dans sa course à la présidence. « C'est Valls et moi qui avons géré Valérie pendant la campagne, raconte Éric Ghebali, l'un des fondateurs de SOS Racisme aujourd'hui chez Suez, marié à l'animatrice de télévision Daniella Lombroso. Un jour du printemps 2012, on était aux Ministères, le café près du QG de l'avenue de Ségur, et Valls me dit : “Ça tiendra six mois.” Je lui réponds : “Non, un an minimum. Si elle rentre, ça sera obligé.” On en est arrivés à se dire que l'idéal serait qu'elle ne rentre pas à l'Élysée. On en parlait comme ça, de façon même plus codée[1]. »

1. Entretien avec les auteurs.

Finalement, Valérie Trierweiler est restée au palais dix-neuf mois, « encombrante et incontrôlable », selon l'entourage du chef de l'État. Elle fait le ménage dans les relations du président, évinçant tous ceux dont elle sait d'expérience qu'ils couvriraient les écarts de son compagnon.

Aussi a-t-elle cherché à se débarrasser de Rachid Kasri, le chauffeur de François Hollande depuis dix ans : « Elle me soupçonnait d'être fidèle à François au point de refaire avec une autre tout ce que j'avais fait pour leur couple, comme mentir à Ségolène qui cherchait régulièrement à savoir où était Hollande », rapporte ce dernier. Julien Dray, ami intime du couple Hollande-Royal, est lui aussi *persona non grata* à l'Élysée.

Comme Nicolas Sarkozy et Carla Bruni avant eux, le nouveau président et sa compagne ont passé les premiers mois qui ont suivi l'élection chez eux, dans un trois-pièces de la rue Cauchy, dans le XVe arrondissement. Mais, alors que les cuisiniers avaient pris l'habitude de se faufiler chaque soir dans la cuisine de la maison de Carla Bruni, dans le XVIe arrondissement de Paris pour y déposer le dîner, le couple Hollande-Trierweiler se débrouille seul. Il n'y a que pour les repas servis au palais que Valérie Trierweiler tient au protocole. Elle demande au chef de cuisine Bernard Vaussion de rétablir le service « à la française » (ou « au plat »), que Nicolas Sarkozy avait remplacé par un service « à l'assiette » moins fastidieux.

Mais, qu'importe le lieu où ils prennent leurs repas, l'ambiance est à couper au couteau. En ce mois de mai 2012, il étouffe et s'enquiert auprès de ses conseillers : « Comment je sors sans qu'on me voit ? » Il a déjà posé la question à son siège, le policier qui monte avec lui dans la voiture présidentielle, quelques semaines plus tôt : « Je pourrais continuer à faire du scooter ? – Ça dépend, monsieur. – Que se passera-t-il si je roule en scooter ? – Une voiture sera devant vous, une autre derrière, et des motos sur les côtés[1]. » lui répond le policier du GSPR.

François Hollande comprend, mais il se sent prisonnier. Alors que ses collaborateurs s'empressent de vendre son deux-roues, il s'accroche à son vieil iPhone, son dernier lien avec l'extérieur.

Ces premières semaines à l'Élysée seront fatales au couple. La jalousie dévore Valérie Trierweiler. Les louvoiements de son compagnon la rendent folle, l'insécurisent. Le 12 juin 2012, à la veille du second tour des législatives, elle découvre que François Hollande vient d'apporter son soutien officiel à la mère de ses quatre enfants, Ségolène

1. Cécile Amar, *Jusqu'ici, tout va mal*, Grasset, 2014.

Royal, candidate à La Rochelle. Le matin même, il lui avait pourtant juré qu'il ne le ferait pas. Trahie une fois de plus, Valérie Trierweiler, furieuse, se rue sur son téléphone et envoie le tweet qui scellera sa disgrâce : « Courage à Olivier Falorni... »

Accablée par la presse, détestée dans le pays, la première dame ne peut compter sur personne pour plaider sa cause. Les vieux copains de François Hollande l'enjoignent tous, en vain, à « clarifier sa vie ». Tristement, la seule chose que le couple partage encore ce sont les mains expertes du coiffeur Olivier Benhamou. Dans les appartements privés ou le bureau présidentiel, le professionnel à la mèche crantée joue à toute heure des ciseaux et du fer à lisser. Patron d'un salon de coiffure pour hommes dans le XIIe arrondissement, il a été présenté à François Hollande par l'un de ses lieutenants, Faouzi Lamdaoui, durant la campagne au cours de laquelle il a coiffé le candidat et sa compagne bénévolement. Reconnaissante, Valérie Trierweiler l'a fait venir à l'Élysée pour un salaire de 8 000 euros mensuels. Le coiffeur du président est mieux payé que certains de ses conseillers[1].

En l'apprenant, de nombreux cadres du château ont frôlé la syncope. « C'est aberrant, rien ne justifie

---

1. Il en était de même sous Nicolas Sarkozy.

ce salaire, car à la différence de la maquilleuse[1], il n'est pas là tout le temps, ne fait pas tous les déplacements… Et elle, elle ne gagne que 6 000 euros par mois », s'étrangle un ancien du service de presse.

Les deux professionnels disposent, grâce à la première dame, d'un bureau dans l'aile Madame, juste à côté du sien. « À la différence des fonctionnaires, qui ont des récup' et qui tournent, eux ne sont jamais remplacés. J'ai déjà eu la maquilleuse dans mon bureau, en pleurs, parce qu'elle ne voyait plus sa fille. Je lui disais : "Notes tes heures supplémentaires, ils verront" », se défendait l'ex-première dame devant un conseiller.

Si, à l'automne 2012, le président est toujours pimpant, il n'en est pas moins soumis à un stress d'autant plus dévorant qu'il n'a rien à voir avec son mandat. Il mène une double vie dans le secret le plus total, s'enfuit de sa prison dorée. Comme ce soir de septembre, lorsqu'il se rend à un dîner chez Julie Gayet où est convié l'industriel François Pinault, grand ami de l'actrice. Il y fût notamment question de la restitution des statuettes de bronze volées à la Chine lors du pillage du palais d'Été à Pékin en 1860, acquise par la fondation du milliar-

1. Elle a été quelques années plus tôt la maquilleuse de Brice Hortefeux au ministère de l'Intérieur.

daire. Le début d'une longue série de rendez-vous clandestins dans le XIe arrondissement, chez Julie Gayet, où les amis communs du nouveau couple, comme Julien Dray, sont de la partie.

L'inconfort de François Hollande, aux côtés de sa compagne officielle, est de plus en plus visible. Il ne fait plus aucun effort pour donner le change. Les relations exécrables que Valérie Trierweiler entretient avec les enfants du président n'arrangent rien. « François était quasiment obligé de les voir en cachette, à l'extérieur », rappelle une amie[1]. À l'époque, Thomas, l'aîné, refuse de mettre un pied à l'Élysée quand la compagne de son père est là. À ce stade, « la garder à ses côtés constitue un risque en soi », lui répète, entre autres, son conseiller politique Aquilino Morelle. Une crise peut éclater à tout moment. Les confidences amères des uns et des autres peuvent « fuiter », être exploitées pour déstabiliser la présidence.

Depuis le 6 mai, les habituelles mesures de protection des proches du couple ont été discrètement activées, mais beaucoup redoutent qu'elles ne soient pas suffisantes… Les portables d'Anatole, Lorrain et Léonard, les trois fils de la première dame, de membres de sa famille, ainsi que ceux de Thomas, Julien, Clémence et Flora, les quatre enfants du président sont placés sous surveillance

1. Entretien avec les auteurs.

par les services informatiques du château. Grâce aux données fournies par les opérateurs téléphoniques, les techniciens de l'Élysée s'assurent qu'aucune tentative d'espionnage ou de piratage ne puisse avoir lieu. Une veille dont les principaux intéressés ne sont pas formellement avisés.

L'un des enfants de Valérie inquiète particulièrement le président et son entourage. À 16 ans, l'adolescent, qui vit en partie chez son père à l'Isle-Adam (95), n'a pas encore pris la mesure de son changement de vie. Mineur, il est le seul des sept enfants du couple à disposer d'un officier de sécurité, censé l'empêcher de traîner après le lycée… En vain. Le gamin échappe régulièrement à sa surveillance.

C'est ce qui s'est passé le 13 octobre 2012, vers 17 h. Ce jour-là, il est interpellé avec deux de ses copains par un équipage de la BAC 93 aux abords de la cité Émile Cordon, à Saint-Ouen. Une cité connue pour abriter un important trafic de stupéfiants et classée en zone de sécurité prioritaire (ZSP). En fouillant les trois jeunes, les agents découvrent pour 90 euros de cannabis, répartis en deux sachets. Mais, c'est lorsqu'il demande aux adolescents de présenter leurs papiers d'identité que le brigadier Florent L. réalise qu'il ne s'agit pas d'une interpellation comme les autres : « Le troisième [jeune], visiblement très mal à l'aise de la situation, demand[e] à parler en aparté au gardien de la paix présent, écrit le policier dans le compte-rendu d'information adressé à sa hiérarchie. L'adolescent lui indiquait vouloir lui montrer "quelque chose dans son portefeuille", selon ses dires, pour le rassurer [...] L'individu lui présentait alors deux documents, à savoir une pièce d'identité supportant sa photographie ainsi qu'une carte de service de l'Élysée au nom de Trierweiler. »

Le lycéen explique aux policiers que sa mère est en déplacement au Mali avec François Hollande. Les agents décident de contacter le père de l'adolescent, Denis Trierweiler. « Il nous demand[e] si nous savons qui est la mère [...] Il nous demand[e] de ne surtout pas ébruiter les faits afin de ne pas nuire à madame Trierweiler et, par ricochet, au président de la République », rapporte le brigadier. Le père explique enfin au policier que son fils est placé sous la responsabilité d'un officier de sécurité, et qu'il faut avertir ce dernier afin qu'il vienne le récupérer. Rendez-vous est pris porte de la Chapelle. En arrivant, l'agent chargé de surveiller l'adolescent répète la consigne, cette fois de façon plus « officielle » : « Il insistait sur notre discrétion quant à cette affaire et au retentissement médiatique qu'elle pourrait provoquer. Nous lui avons rappelé que pour cette action, nous nous trouvions en porte-à-faux car lui et monsieur Trierweiler nous demandaient expressément de ne pas ébruiter les faits au vu du contexte politico-médiatique. » Bien qu'ils se montrent accommodants, les trois policiers de la BAC estiment qu'ils n'ont pas fait leur « travail d'anticriminalité, à savoir ramener les trois adolescents rendre compte de faits au vu du caractère récent et sensible de la création de la ZSP », et l'avertissent qu'ils ne pourront éviter, au minimum, de rapporter les faits à leur hiérarchie. Ce qui sera fait dix jours plus tard, dans un document adressé au directeur territorial de la sécurité publique de Seine-Saint-Denis, Serge Castello. L'affaire en restera là, mais l'ado est surveillé comme le lait sur le feu par sa mère et les deux officiers de sécurité qui se relaient à ses côtés.

Lorsque la France entre en guerre au Mali, en janvier 2013, François Hollande et Valérie Trierweiler décident de quitter la rue Cauchy pour l'Élysée. L'appartement n'est pas adapté aux besoins d'un chef des armées : sollicité en pleine nuit pour avaliser des opérations militaires ou discuter avec des chefs d'État, le président de la République à besoin de lignes sécurisées. C'est aussi une question d'image : les Français n'auraient pas compris qu'étant en guerre, le président rentre chaque soir chez lui… Sa compagne en convient. Pourtant, la petite musique entêtante est toujours là : plusieurs fois, à cette période, François Hollande s'est levé pour aller à l'Élysée. Aujourd'hui, elle y repense en se demandant s'il n'allait pas rejoindre Julie Gayet…

L'installation à l'Élysée est l'occasion d'un nouveau départ. François Hollande se « martialise » et avoue vivre le moment le plus fort de sa vie politique. Le fils cadet de Valérie Trierweiler, qui a hérité de l'ordinateur de Louis Sarkozy et d'une chambre tout confort – abonnement aux chaînes satellites inclus –, semble apaisé. Il est inscrit à l'école de cuisine Ferrandi et sa mère a demandé à Bernard Vaussion, le chef cuisinier de l'Élysée, de le prendre en stage. L'adolescent donne satisfaction : il se plie sans histoire à la discipline de la brigade. D'ailleurs, Valérie Trierweiler veille au grain. Pistonné, certes, mais pas rémunéré, il « reste à sa place, se fait discret », raconte un cuisinier. Il n'a pas de poste fixe, passe de la pâtisserie à la réalisation de sauces. « Ce n'est pas un cheval de course, note l'un de ses aînés, mais c'est un gamin qui bosse » – et qui amenait parfois ses petites copines visiter les cuisines.

Pendant ce temps-là, Valérie Trierweiler, retranchée dans l'aile Madame, lisse son image. Elle travaille avec deux amis, Patrice Biancone, un ancien journaliste de RFI, et le photographe Stéphane Ruet qui a suivi François Hollande pendant toute sa campagne. La première dame s'investit dans les causes humanitaires et voyage.

Impopulaire à l'extérieur du château, elle a conquis les salariés de l'Élysée, qu'elle n'oublie jamais de saluer le plus souvent par leur prénom. L'humour dont elle fait preuve séduit les plus mal disposés, comme le soir de l'anniversaire d'Évelyne Richard, où cette dernière, la plus ancienne attachée de presse du palais, dévoile à l'assemblée ses souvenirs de la première dame en toute jeune journaliste.

Ce qui n'empêche pas Valérie Trierweiler de piquer des colères, généralement dirigées contre les proches du président... Claude Sérillon, ex-présentateur du 20 h de France 2 chargé par François Hollande de piloter sa communication, en a notamment fait les frais dès son arrivée, en janvier 2013. À peine nommé, il a fait le tour du palais pour choisir un bureau et jeté son dévolu sur celui de la maquilleuse et du coiffeur, dans l'aile Madame. Grave erreur. Furieuse, Valérie lui a envoyé un SMS : « On ne se comporte pas comme ça, on ne vire pas le petit personnel ! » Saisi, l'ex-journaliste n'a pas répondu. « Par ailleurs, j'ai dit à François que je ne voulais pas que son bureau soit si près du mien car on aurait dit que j'avais la main sur lui ou vice versa », tempête-t-elle encore, en petit comité. Elle ne s'en cache pas : elle le déteste. « Je le trouve sans-gêne », rapporte-t-elle à ses amis, leur racontant comment il s'immisce jusque dans la salle de bain des appartements privés, où il avait suivi le président[1].

Chargés de promouvoir l'image de la première dame, Patrice Biancone et Stéphane Ruet lui font rencontrer des journalistes de la presse généraliste et people, proposent des interviews à la presse féminine, noircissent son agenda. Les dîners de charité et les déplacements officiels en Afrique ou en Asie s'enchaînent. Ils ignorent encore que pour François Hollande, les voyages de Valérie Trierweiler sont autant de moments de répit au cours desquels il peut faire ce qu'il veut. « Quand elle était absente, il recevait Ségolène et les enfants, le plus souvent dans les salons, mais parfois aussi en terrasse s'il faisait beau », raconte un intendant[2]. Le personnel est surtout, dès avril 2013, témoin de curieuses coïncidences : alors que la rumeur d'une liaison entre le chef de l'État et Julie Gayet enfle dans Paris, nombreux sont ceux, au château, qui s'étonnent de croiser l'actrice dans les rues qui cernent le 55, rue du Faubourg-Saint-Honoré, et toujours quand Valérie Trierweiler est à l'autre bout du monde…

1. *Merci pour ce moment*, *op. cit.*
2. Entretien avec les auteurs.

Pour le président, faire semblant est devenu épuisant et, quand sa compagne est là, il n'essaie même plus de donner le change. Le couple ne sort jamais, déserte les avant-premières, les vernissages… « Je me souviens que David Kessler, le conseiller culture, passait son temps à proposer à Hollande des trucs qu'il refusait. Il restait souvent au bureau jusqu'à 23 h. Le samedi et le dimanche, il était là aussi[1] », relate Aquilino Morelle.

Pendant des mois, quand, le soir, les conseillers quittaient le palais alors que le président restait tard, seul, la même scène se répétait[2] : « Ah, tu pars ? », s'inquiétait François Hollande. « Je rentre dîner en famille », répondait l'homme pressé de quitter ce palais. « Quelle chance ! », lui lançait alors le chef de l'État.

Pourtant les membres du service privé, qui connaissent les moindres détails de la vie intime de ceux qu'ils servent, savent que le *blues* du président de la République n'a pas duré longtemps. « C'était simple puisque Valérie Trierweiler s'interdisait d'aller dans la partie officielle du palais. Après le dîner, le président de la République prétextait du travail et se rendait dans son bureau.

1. Entretien avec les auteurs.
2. Cécile Amar, *Jusqu'ici tout va mal*, Grasset, 2014.

De là, il gagnait le vestibule d'honneur, traversait la salle des fêtes, où il se faisait ouvrir les portes fenêtres. Il accédait alors aux garages de l'Élysée. La Garde républicaine lui ouvrait la porte, et il ressortait par les portes coulissantes, rue de Marigny », s'amuse un majordome.

Un manège qui se répétait en moyenne trois fois par semaine. La première fois qu'ils ont vu le président « sortir discrètement de l'Élysée avec son siège, c'était en juillet 2013 », se souvient un employé. Ce même mois où le magazine *Closer* publiait des photos de la première dame seule en vacances en Grèce dans un palace de Thermisia. Dans ce cinq étoiles situé face à l'île d'Hydra, alanguie sur son transat *king size* pendant que ses deux fils sont à la piscine. Le président, qui devait la rejoindre pour trois jours le 25 juillet, juste après un déplacement en Slovénie, n'est pas venu, révèle l'hebdomadaire people… Dans l'espoir de ce moment, elle avait pourtant organisé une escapade à deux sur un grand voilier blanc qui mouillait au large. Tout ça pour rien.

Informé de la non-venue du président par les clients de l'hôtel, *Closer* titre : « Il a planté Valérie ». À peine l'hebdomadaire est-il en kiosque que le chef du service de presse de l'Élysée, Christian Gravel contacte la directrice de la rédaction

Laurence Pieau[1] : « Un grand voilier blanc ! C'est tout ce que vous avez trouvé ? », s'étrangle-t-il, lui assurant qu'il n'a « jamais été question que le chef de l'État prenne de vacances d'été, si ce n'est, peut-être, quelques jours à la Lanterne. » La journaliste ne se démonte pas : « Monsieur Gravel, on entend dire beaucoup de choses sur le couple présidentiel… Si je vous appelle pour vous demander si François Hollande est toujours avec Valérie Trierweiler, vous allez me dire la vérité ? » Christian Gravel s'étouffe : « Mais enfin ! Vous parlez du président de la République ! »

Laurence Pieau, avec le recul, a fini par comprendre la colère de l'Élysée : comme l'a révélé *Grazia* six mois plus tard, François Hollande a profité de ces « non-vacances » pour se rendre à Tulle avec Julie Gayet, faisant même un détour par le château de Cadreils, à Berrac, chez le père de l'actrice…

Dès lors, à l'Élysée, plus personne n'est dupe. Le voyage de quarante-huit heures en Arabie saoudite, calé le 29 décembre 2013, et auquel aucun journaliste, ou presque, ne souhaite participer, agace les attachés de presse : ils font les frais du manque de courage de François Hollande prêt à tout pour ne pas passer le réveillon avec Valérie Trierweiler. Les photos publiées en une de *Closer*

1. Laurence Pieau, *Scoop Story*, First, 2014.

quelques jours plus tard, ne laissent plus de doutes. Le cataclysme est mondial. François Hollande, lui, reste impassible. Ce 10 janvier, il doit adresser ses vœux à son cabinet : « Il a déjeuné avec nous sans rien laisser paraître. Alors que sa vie perso s'écroulait », s'étonne un collaborateur[1].

Une semaine après ces révélations, François Hollande est surpris en plein conciliabule avec l'ancien photographe Stéphane Ruet, que Valérie Trierweiler a fait venir à ses côtés à l'Élysée. Alors que le pot de départ de l'ancienne chef du service de presse, Marie-Hélène Courivaux, bat son plein, le président de la République et Stéphane Ruet s'entretiennent en tête-à-tête pendant plus de trente minutes dans le salon vert de l'hôtel de Marigny.

Les rares témoins de la scène comprennent que le photographe, comme nombre de conseillers, a retourné sa veste en apprenant la disgrâce de la première dame, alors qu'elle est encore hospitalisée et assommée de calmants…

Ce jour-là, François Hollande le charge de « s'occuper de Valérie ». Comprendre : la surveiller, continuer à la divertir pour qu'elle tourne la page et renonce à ses projets de vengeance. Ironie de l'histoire, François Hollande ignorait alors

1. Entretien avec les auteurs.

qu'en voulant lui complaire, Stéphane Ruet, promu « conseiller en charge de l'image du président », serait à l'origine du pire séisme du quinquennat.

C'est lui qui, fin 2013, alors que le président fuyait les tête-à-tête, entraînait Valérie Trierweiler de dîners mondains en soirées étourdissantes. Or, c'est à l'occasion de l'une de ces réceptions, fin 2013, que Stéphane Ruet a innocemment présenté l'ex-première dame à Anna Jarota, l'agent littéraire qui s'est occupé avec succès de Jérôme Kerviel, l'ex-trader en lutte contre la société générale... Formée à bonne école, – elle a passé dix ans chez Andrew Nurnberg, l'un des meilleurs agents anglais – Anna Jarota travaille désormais à Paris où elle défend la production des plus grands éditeurs internationaux.

Stéphane Ruet a assisté à un coup de foudre amical. Ce soir-là, Anna Jarota découvre une première dame très différente de l'image qu'en peignent les médias, une journaliste chaleureuse, qui la cuisine sur sa profession d'agent littéraire. Entre l'ex-compagne du président poussée dans une ZUP d'Angers, et l'immigrée polonaise qui s'est imposée dans le monde feutré de l'édition, le courant passe.

Quelques semaines après cette rencontre, Valérie Trierweiler rappelle Anna Jarota et lui confie une mission : faire barrage aux dizaines de sollicitations qu'elle reçoit de la part d'éditeurs. À tous, l'agent explique que l'ex-première dame « n'est pas prête », en dépit des à-valoir mirobolants qu'ils dégainent.

Quand Valérie Trierweiler finit par se sentir capable d'écrire, c'est vers Anna Jarota qu'elle se tourne. Cette dernière contacte Florent Massot, éditeur extérieur qui travaille avec les Éditions des Arènes et négocie un contrat en or. Durant trois mois et dans la plus totale clandestinité, elle accompagne Valérie Trierweiler dans l'écriture de son livre. Elle a su la laisser souffler quand elle a eu envie de tout arrêter, en juin 2014.

Quand la bombe *Merci pour ce moment* sort enfin, le 4 septembre 2014, Stéphane Ruet, dans son bureau, au rez-de-chaussée de l'Élysée, a dû repenser au soir où tout avait commencé.

Parmi les anciens proches de Valérie Trierweiler au palais, seul Patrice Biancone a eu le courage de tancer François Hollande publiquement, un matin, en le croisant dans la cour de l'Élysée : « Ce n'est pas bien, ce que tu as fait ! » Le président, interloqué, n'a pas répondu et s'est enfui par la première entrée qui se présentait.

Deux ans après son départ de l'Élysée et malgré les dégâts causés par son livre, qui se voulait aussi une charge politique contre le chef de l'État, Valérie Trierweiler est toujours hantée par les dix-neuf mois qu'elle a passés à l'Élysée. En regardant le documentaire d'Yves Jeuland[1], elle tressaille même : « Les commentateurs ont dit qu'il restait impassible à l'annonce de la sortie de mon livre. Je ne l'ai pas trouvé impassible !, a-t-elle confié à une amie. Son expression m'a touchée, j'ai un peu culpabilisé de ne pas l'avoir prévenu. Puis je me suis dit que moi, on ne m'avait pas prévenue de la sortie de *Closer*… Que personne, jamais, ne m'avait ménagée. »

1. « Un temps de président », France 3, septembre 2015.

La chasse aux traîtres est ouverte

C'est un refrain que l'on entend depuis le début du quinquennat : des « taupes sarkozystes » infesteraient le château. Depuis trois ans, de multiples fuites ont en effet convaincu l'aréopage d'énarques qui peuple l'Élysée que des « agents » de l'ancien président ourdissent un complot dans l'ombre. À les entendre, ces espions sont partout : au sein du GSPR, à l'intendance, dans les sous-pentes du château, et jusque dans les cuisines…

C'était un risque, dès lors que François Hollande, en campagne, avait juré qu'il ne lancerait pas de « chasse aux sorcières ». Pourtant, s'il arrive que des employés estampillés proches de la droite se montrent indélicats, ils sont loin d'être les seuls. Les « sarkozystes de l'Élysée » ont parfois le dos un peu large, et font l'objet d'une politique absolument incohérente. Certains, qui ont fait campagne pour l'ex-candidat UMP, ont fini par être remerciés, quand d'autres, pourtant très véhéments ou engagés, sont toujours en poste. Certains encore, qui ne s'étaient pas spécialement illustrés, sont purement et simplement renvoyés de leur poste et accusés – sans preuve – d'avoir trahit le président…

C'est le cas de cinq majordomes attachés au service privé de François Hollande jusqu'au 25 novembre 2014. Tous avaient passé au moins cinq années au service de Nicolas Sarkozy. « Quand François Hollande est arrivé, on savait qu'on était sur un siège éjectable, se souvient l'un d'eux. Mais madame Trierweiler nous a fait confiance et a dit au président que l'équipe "tournait". » Leur pedigree était connu, mais l'ex-première dame les jugeait fiables[1]. Et, aux yeux du nouveau couple présidentiel, le fait que l'un des membres du « privé » ait assisté, alors qu'il était en poste à Beauvau en 2007, à la rupture entre Nicolas et Cécilia Sarkozy sans n'en jamais rien dévoiler plaidait en leur faveur…

1. Elle a envoyé son livre dédicacé à l'un d'entre eux.

Ce matin de novembre 2014, ils sont convoqués chacun à leur tour à trente minutes d'intervalle. À peine le temps de fumer une cigarette dans les allées gelées de l'Élysée que s'ouvre la porte du bureau de Gilles Clavreul, qui les attend le visage fermé. L'adjoint de Sylvie Hubac, alors directrice de cabinet de François Hollande, est lui-même un ancien sarkozyste. Ex-haut fonctionnaire de Beauvau entre 2007 et 2012, l'énarque ne rate jamais une occasion de prouver sa loyauté à la gauche au pouvoir[1]. Face aux jeunes majordomes en livrées, Gilles Clavreul va droit au but : « Le président n'a plus confiance. » On soupçonne l'un d'entre eux d'être l'auteur de la photo parue une semaine plus tôt dans *Voici*, montrant François Hollande et Julie Gayet dans les jardins de l'Élysée. Un cliché pris de l'intérieur du château. Les limiers de l'Élysée ont établi, par recoupement et grâce aux indications de l'actrice – qui s'est souvenue de la date où elle était vêtue telle qu'elle apparaît sur les images – que le forfait avait été commis le 14 septembre précédent.

Interrogés sur leurs emplois du temps, il apparaît que seuls deux majordomes étaient présents le jour

1. Il y parviendra, et sera nommé en novembre 2014 à la tête de la Délégation interministérielle à la lutte contre le racisme et l'antisémitisme (DILCRA).

où les photos sont censées avoir été prises. Parmi les trois autres, l'un était en province, et deux en repos. Ni les registres tenus par les gendarmes, ni les caméras de vidéo-surveillance n'attestent de leur présence ce jour-là à l'Élysée. Mais Gilles Clavreul ne les lâche pas, pas sans les inciter à fournir des éléments susceptibles d'aider à démasquer « le traître ».

Peine perdue, les majordomes n'ont rien à dire. Le petit personnel se serre les coudes. Tout juste obtiendra-t-il le nom du comique qui lâche parfois de tonitruants « Vivement 2017 ! », provoquant des fous rires dans les couloirs du château.

Les deux agents qui étaient de service le 14 septembre, eux, sont mis sur le gril. « Monsieur, si vous voulez libérer votre conscience, c'est le moment » tente Gilles Clavreul face à l'un d'eux : « J'ai rien à libérer ! » rétorque l'autre du tac au tac.

L'énarque insinue, insiste, mais les suspects se défendent : « Les enquêteurs de l'Élysée ignorent manifestement que les personnels du service privé de François Hollande n'ont pas accès à ses appartements lorsque Julie Gayet est présente dans les murs », lui jettent-ils, l'un après l'autre, à la figure.

C'est ainsi depuis que *Closer* a révélé la liaison entre le président et la comédienne en janvier 2014. À partir de cette date, ce sont des policiers du

GSPR, les sièges de François Hollande, qui ont pris le relais et assuré l'intendance quand l'actrice venait au palais. Les majordomes, eux, n'étaient autorisés à intervenir dans l'appartement privé qu'une fois la jeune femme partie. Ne restaient que les indices de son passage, des restes du pique-nique qu'elle apportait parfois (viande des Grisons, pain de campagne, fromage et vin), quand ce n'était pas les sièges qui allaient discrètement chercher des plateaux en cuisine…

Témoin privilégié de la vie privée du président, l'un des deux gardes du corps, Lardon, est proche de l'ancien siège de Nicolas Sarkozy. Mais bizarrement, les deux policiers n'ont fait l'objet d'aucune audition et l'enquête des gendarmes de l'Élysée continue à ne viser que les cinq employés de maison. Pour prouver leur bonne foi, ces derniers ont proposé à Gilles Clavreul de lui remettre leurs téléphones portables, à des fins d'expertise. Une proposition restée sans suite. Et des investigations laissées en plan[1].

Quant à l'enquête ouverte par le parquet de Nanterre suite à la plainte déposée par Julie Gayet en décembre 2014 pour « atteinte à l'intimité de la vie

---

1. Trois jours avaient pourtant suffi aux équipes de Jacques Chirac pour retrouver le voleur de la quête du personnel destinée au chef cuisinier de l'Élysée pour son départ à la retraite, en 2006.

privée et au droit à l'image », elle n'a rien donnée. La BRDP (Brigade de répression de la délinquance contre la personne) a pourtant déployé des moyens considérables au regard de l'infraction, – une photo volée. La DGSI est également intervenue dans l'enquête. Le service de renseignement a même sollicité l'une des commandantes de gendarmerie du château pour « jouer Julie Gayet » lors d'une reconstitution. Les policiers ont auditionné une cinquantaine personnes. « Tout le monde y est passé, cuisiniers, femmes de ménages, chauffeurs... », raconte un agent[1].

Tout le monde ? Pas vraiment. Parmi les occupants de l'aile privée ce week-end-là aurait pu se trouver Léonard Trierweiler, rappellent des agents de l'intendance. En effet, le fils de Valérie Trierweiler a confirmé venir dormir à l'Élysée plusieurs mois après le départ de sa mère. « Des vérifications ont été faites concernant la présence à l'Élysée ce jour-là », confirme le parquet de Nanterre. Ce que rien dans l'enquête n'a démontré.

Une chose est sûre : après cette fuite, François Hollande a cessé d'héberger le jeune homme à l'Élysée[2].

1. Entretien avec les auteurs.

2. Léonard dormait dans la chambre située face à celle du président et de Julie Gayet.

Faute de coupable clairement identifié, la punition, pour le personnel, fut collective : les employés de l'appartement privé ont été déplacés et remplacés par des marins. « C'est un fonctionnement arbitraire dans la mesure où c'est le PR qui décide avec qui il travaille, confirme Gaspard Gantzer. C'est la loi du genre. Ils ont été éloignés pour une question de confiance, ils n'ont pas été sanctionnés ». Et pour cause : en l'absence de règlement intérieur au sein de l'Élysée, toute sanction disciplinaire serait entachée de nullité.

Alors que l'un des majordomes est parti dans le privé, deux ont été envoyés à l'intendance, où ils servent les conseillers, et deux autres mutés au réfectoire du palais, situé 2, rue de l'Élysée.

Le déclassement fut violent. Dans les premiers temps, certains n'en dormaient plus, le médecin de l'Élysée leur avait prescrit des calmants. La disgrâce était d'autant plus sensible que les membres du cabinet ne cachaient pas leur défiance. Et, des mois après leur éviction, l'entourage du président fait toujours en sorte que les quatre anciens du service privé disparaissent de sa vue lors des cocktails donnés à la salle des fêtes du palais, le soir. Les majordomes ne sont plus sollicités que pour les prestations de plus de cent personnes, privés des « petits formats », empêchés d'officier lors des petits déjeuners, et, assurément, interdits de servir le président lors de dîners d'État. Hervé Guénot, l'intendant du palais, veille à ce qu'ils ne s'approchent plus de François Hollande, dont ils ont fait le lit et rangé la salle de bain pendant deux ans et demi… Les factotums s'exécutent pour ne pas faire d'histoire.

Une petite main zélée du directeur de cabinet est allée jusqu'à leur demander de remiser leurs livrées noires les soirs de réception et de porter des livrées blanches, comme les extras. Cette fois, les majordomes refusent, et menacent de dénoncer le « harcèlement dont ils font l'objet » de la part de certains membres du cabinet. Le lendemain, l'intéressé renoncera à cette énième vexation.

Les ex-employés du « privé » ne sont pas les seuls à être sous pression. La publication de la photo du chef de l'État et de sa fiancée dans *Voici* a eu des conséquences pour tout le personnel du château. « Depuis, le flicage est drastique, raconte un fonctionnaire[1]. Le règlement intérieur a été durci, les règles de sécurité et de confidentialité sont constamment rappelées aux agents. Il y a un code pour accéder aux ordinateurs, pour imprimer… »

1. Entretien avec les auteurs.

En juin 2015, le personnel de l'Élysée a été convoqué et mis en garde contre les fuites et les indiscrétions dont journalistes et opposants politiques sont friands. Dans cette ambiance, les téléphones portables deviennent des objets de psychose. Les enquêteurs du palais n'hésiteraient pas, en cas de nouvelles fuites, à éplucher les fadettes des employés… La menace, dévoile un membre du service de presse, vise par exemple Claude Vavassori, chef du service audiovisuel qui a fait toute la campagne de Nicolas Sarkozy et que l'on croise régulièrement pendu au téléphone avec le staff du patron des Républicains.

L'affaire des majordomes a servi d'exemple : une ancienne de l'équipe Sarkozy témoigne de la peur de ceux qui sont restés à l'Élysée, tétanisés à l'idée d'être à leur tour accusés de trahison. Restée proche des gardiens de l'une des dépendances du château, elle leur adresse régulièrement des SMS à un numéro qui n'est pas celui que le couple utilise pour lui répondre…

La chasse aux sorcières que François Hollande avait promis de ne pas mener n'a pas eu lieu, mais une discrète épuration a tout de même été mise en œuvre au palais. Elle avait commencé juste après la passation de pouvoirs, le 15 mai, après que Nicolas Sarkozy eut avoué à François Hollande que tout le courrier qui lui avait été adressé depuis son élection avait été passé à la broyeuse…

Une initiative personnelle, semble-t-il, de la responsable du service de correspondance, réputée être « une sarkozyste pure et dure », raconte une ancienne collaboratrice. « Elle donnait ordre de ne pas répondre aux courriers de félicitations qui avaient suivi la victoire de Hollande et faisait jeter les lettres. » Détachée du ministère de l'Intérieur, elle y est retournée, sans affectation, avant d'être remplacée par Patricia Janin[1], également décrite comme « une idéologue, envoyée au service courrier pour faire l'épuration des agents sarkozystes, à la demande de Pierre Besnard[2] », poursuit la même employée.

Mais la traque des « taupes de droite » a été intensifiée dans les mois qui ont suivi les fuites sur l'agenda du chef de l'État. En mars 2014, le *JDD* publie un article[3] relatant que François Hollande a reçu deux journalistes du *Monde* le soir de la révélation, dans ce même quotidien, de l'affaire des écoutes visant Nicolas Sarkozy. Une information tirée de l'agenda confidentiel du président,

1. Nommée DRH de l'Élysée en 2014.

2. Ancien chef de cabinet de François Hollande, remplacé par Isabelle Sima.

3. « Le président, les écoutes et les visiteurs du soir », *JDD*, 16 mars 2014.

tenu à jour par son secrétariat particulier, et auquel peu de monde a accès mais que le *JDD* s'est procuré. Le médecin chef de l'Élysée compte parmi les rares bénéficiaires de cet emploi du temps[1]. Rien ne l'accusait, mais le chef de l'État s'est tout de même séparé de lui dans les mois qui ont suivi, en août 2014. Il faut dire que le médecin, qui avait servi à Matignon sous Lionel Jospin et Jean-Pierre Raffarin, puis sous Nicolas Sarkozy à l'Élysée, ne cachait rien de ses affinités. Militant UMP, conseiller municipal à Groslay (Val d'Oise) depuis 2008, le médecin avait, au printemps 2012, relayé les messages de mobilisation du président sortant. À l'époque, il est loin d'être le seul sarkozyste déclaré dans l'environnement immédiat de François Hollande.

La secrétaire de Sylvie Hubac, directrice de cabinet de François Hollande, est également une « pièce rapportée ». Durant le quinquennat précédent, elle assistait le préfet Christian Frémont[2], directeur de cabinet de Nicolas Sarkozy. Fine mouche, elle a su faire preuve d'un zèle rassurant quand la gauche est arrivée au pouvoir… Reste

---

1. Avec Sylvie Hubac, la directrice de cabinet du président, Pierre-René Lemas, secrétaire général de l'Élysée et ses deux adjoints de l'époque, Emmanuel Macron et Nicolas Revel, et enfin le GSPR.

2. Il est décédé le 3 août 2014.

que son poste lui donnait, à elle aussi, accès au précieux agenda. En novembre 2014, elle a été « exfiltrée » à la DILCRA en tant que secrétaire d'un autre membre du cabinet marqué à droite, Gilles Clavreul.

Les promesses de François Hollande n'y ont rien fait, les rumeurs de purge ont semé la zizanie à l'Élysée, notamment chez les secrétaires. Pour sauver leurs postes, certains collaborateurs estampillés à droite n'ont pas hésité à balancer ou à enfoncer les copains, si tant est qu'ils ou elles soient plus « grillés » qu'eux.

C'est ce qu'est arrivé à l'ex-secrétaire de Cécilia Sarkozy en 2007, lorsque cette dernière avait un bureau place Beauvau. Elle a passé le quinquennat précédent au palais en tant qu'assistante du conseiller santé de Nicolas Sarkozy, avant de mener campagne pour le président sortant, notamment sur Facebook. Une campagne véhémente, pour une fonctionnaire censée faire preuve de retenue. Or, les « dérapages » de l'assistante n'ont pas échappé à l'une de ses « amies » de Facebook, rivale dans la vie professionnelle, qui s'est empressée de faire des captures d'écran et de les faire remonter au cabinet du président. Florilège : le 6 mai 2012, au soir du second tour, Elle poste une photo peu flatteuse de François Hollande assortie de ce commentaire : « La gueule de notre nouveau président… Je vous annonce que je ne suis plus française ! Dorénavant, considérez que je suis polonaise de sang et italienne de cœur ! » Un peu plus tard, elle se lâche à nouveau : « Dans moins de 50 ans, on sera tous musulmans ! De toute façon, je n'en ai plus rien à foutre ! Je considère que je n'appartiens plus à ce pays de connards. » Le reste est à l'avenant, entre vidéos de propagande et commentaires graveleux.

La jeune femme a t-elle été renvoyée à son ministère d'origine, l'Intérieur ? Pas du tout. Le responsable des ressources humaines de l'époque, en 2012, Bernard Trichet est un ancien de l'ère Sarkozy. Il avait notamment renouvelé le contrat de l'ancienne assistante de Carla Bruni-Sarkozy. Le fonctionnaire sait faire preuve d'humour : il a envoyé l'utilisatrice de Facebook à l'hôtel Marigny, et a placé la secrétaire ouvertement raciste au service de Faouzi Lamdaoui, conseiller chargé de la diversité et de l'égalité des chances. Quand ce dernier a démissionné, elle a atterri chez Jean-Pierre Bel puis chez Nicolas Hulot. Officiellement, personne n'était au courant de ses « dérapages ».

Harcèlement à tous les étages

À l'Assemblée nationale, dans les ministères et jusqu'à l'Élysée, la tribune intitulée : « Nous, femmes journalistes politique et victimes de sexisme... », publiée le 4 mai 2015 dans *Libération* a fait souffler un vent de panique. Quarante femmes journalistes y dénonçaient les gestes déplacés et les propos graveleux des hommes politiques de droite comme de gauche qu'elles côtoient tous les jours. Bien qu'elles ne les nomment pas, la menace est à peine voilée : si les attitudes ne changent pas, les reporters envisagent de publier les noms.

Le harcèlement qu'elles subissent au quotidien de la part d'énarques, de privilégiés le plus souvent, évoluant dans des milieux où l'on ne se prive pas de dispenser des leçons de maintien[1], a sans doute effaré les lecteurs de *Libération*. Mais l'inventaire de ces comportements déplacés n'a pas surpris celles et ceux qui côtoient habituellement le milieu politique, jusqu'au plus haut niveau de l'État.

Les journalistes signataires de ce coup de gueule rappelaient que ces attitudes machistes n'épargnaient pas l'Élysée. Y compris quand son locataire est un homme de gauche, militant affirmé de l'égalité femme-homme[2] au point d'avoir nommé trois ministres successives aux « Droits des femmes ». Dans l'entourage immédiat du chef de l'État, lors des conférences de presse ou des voyages présidentiels, des hommes mettent impunément mal à l'aise des femmes, lorsqu'ils ne les tripotent pas.

« Ça drague énormément, à l'Élysée. C'est même, comme ailleurs, un outil de promotion social », témoigne un employé[3]. À croire que l'atmosphère des lieux – le palais est l'ancien hôtel particulier de la Pompadour – déchaîne les libidos. Un conseiller du président, en pleine *love story* avec un majordome, interrompt ses discussions par de rapides coup d'œil

1. Ce qui n'empêche pas le président de remettre la Légion d'honneur au vice-roi d'Arabie saoudite le vendredi 4 mars 2016.

2. Au magazine *Elle* le 3 mars 2016, il déclarait que le harcèlement de rue était « insupportable », « indigne », « scandaleusement banalisé ».

3. Entretien avec les auteurs.

à ses SMS. Un responsable de l'intendance se lâche imprudemment sur Grindr, avant de faire mine, pendant des semaines, de ne pas saisir les allusions de ses collaborateurs.

Il semble que l'accession au pouvoir ait également des vertus aphrodisiaques. « Ils ont passé leur vie à rêver du pouvoir, et l'ont enfin. Quand ils l'ont eu, je ne les ai plus reconnus », raconte Valérie Trierweiler, en petit cercle. Consternée, elle a assisté avec son compagnon aux discrets dîners de la promo Voltaire, organisés chez Bernard Cottin, ex-PDG de Numericable, collecteur de fonds de la campagne de 2012, nommé en 2014 à la Caisse des dépôts et consignations par Pierre-René Lemas. On y croisait l'avocat fiscaliste Dominique Villemot, Jean-Jacques Augier (ex-G7), l'ambassadeur Jean-Maurice Ripert, Jean-Pierre Jouyet… « Lors de ces dîners, ils se comportaient comme des seigneurs. Or, chez Hollande et Michel Sapin, spécialement, le sentiment de toute-puissance se traduit par le donjuanisme », rajoute Valérie Trierweiler.

Cette dernière n'avait que 23 ans lorsqu'elle a connu le ministre des Finances, alors engagé chez les rocardiens. Il a épousé en secondes noces la journaliste Valérie de Senneville, très proche amie de l'ex-première dame, dont il est désormais divorcé. S'il n'est pas explicitement nommé dans la tribune de *Libération*, il est clairement visé. Ce « ministre qui, nous voyant penchées pour ramasser un stylo, ne peut retenir sa main en murmurant : “Ah mais qu’est-ce que vous me montrez là ?” », et qui fait claquer l’élastique de la culotte de la reporter en pantalon taille basse, c’est le locataire de Bercy. La scène se déroule fin janvier 2015, au Forum économique mondial de Davos. Sa victime n’est pas une oie blanche, c’est une quadragénaire aguerrie à la personnalité bien trempée, salariée d’un grand quotidien national. Pourtant, ce jour-là, il la déstabilise[1]… « C’était une blague potache et la journaliste a pris la mouche », se défend-on au cabinet du ministre. « Il ne comprend pas et est très étonné de la tournure qu’a pris l’affaire[2] », souligne sa chargée de com.

Si la journaliste n’a pas fait de scandale, Valérie Trierweiler, elle, ne supporte plus les dérapages de Michel Sapin, qu’elle ne fréquente plus depuis sa rupture avec le chef de l’État. Le 18 mai 2015, alors que *Merci pour ce moment* vient de sortir en poche, BFM TV demande un commentaire au ministre des Finances, invité en plateau. Michel Sapin la traite par le mépris, lui conseillant carrément de « se taire ». La riposte est cinglante : elle poste

1. Dans l’introduction accordée à *Elle*, François Hollande estimait qu’« aucun geste ne doit rester impuni » (art. cit.).

2. Entretien avec les auteurs.

sur Twitter une photo privée, montrant le copain du président en train de réveillonner à la Lanterne avec des cotillons sur la tête… « C'était une façon de lui dire : "Toi, tu ferais mieux de te taire !" Il a des dossiers, des travers dans sa vie privée et dans la manière dont il conçoit sa mission… Il drague beaucoup et fait en sorte, après, de ne pas avoir d'histoires », se justifie-t-elle auprès de ses proches.

Au gouvernement, Michel Sapin n'est pas le seul proche du président à se montrer cavalier. Un autre ministre, qui a rejoint plus récemment le cercle des intimes de François Hollande (ce dernier s'est rendu à son remariage en août 2015), a également été pris en flagrant délit.

Nommé à Beauvau le 2 avril 2014, Bernard Cazeneuve affiche pourtant l'air digne qui sied à sa fonction… Néanmoins le « porte-parole, qui, à bord d'un avion, pendant la dernière campagne présidentielle, nous [les reporters qui l'accompagnent] prend en photo pendant notre sommeil avant de partager le cliché avec le reste de l'équipe » évoqué dans la tribune de *Libération* est bel et bien l'actuel ministre de l'Intérieur, à l'époque où, en 2012, il faisait campagne pour le candidat Hollande. Le reste du staff de campagne, à qui Bernard Cazeneuve, hilare, est venu montrer le cliché, était franchement mal à l'aise. La journaliste n'a appris que bien plus tard qu'elle avait été immortalisée pendant sa sieste…

Dans leur tribune, les reporters rappellent que les déplacements présidentiels sont souvent l'occasion de dérapages. Or, les journalistes n'en sont pas les seules victimes ; surtout, elles peuvent se défendre sans risquer leur emploi. Il en va autrement des salariées de l'Élysée, qui, sous la pression, préfèrent se taire. En matière de harcèlement, l'omerta règne au palais. Les principaux conseillers de François Hollande se couvrent les uns les autres, taisant les agissements dont ils sont témoins, le tout dans une totale impunité.

Mais au cabinet, beaucoup ont pu observer, par exemple, ce qui s'est passé le 11 mai 2015, lors d'un cocktail organisé à l'ambassade de France à Cuba, où la délégation française s'est rendue lors de la tournée caribéenne du chef de l'État. Ce soir-là, sans doute exalté par l'ambiance exotique, l'un des conseillers diplomatiques a carrément entrepris d'enlacer, en public, la maquilleuse du président. Il la poursuivait de ses assiduités depuis le début du déplacement présidentiel.

Le diplomate est pourtant un énarque bon teint, qui aligne un curriculum de premier de la classe… « Il n'est pas allé plus loin, le mec de la maquilleuse est flic à la brigade fluviale de la préfecture de police de Paris. C'est un athlète. Quand elle le lui a dit, il s'est arrêté tout net. » Comme toujours à l'Élysée, l'affaire en est restée là. Car c'est la règle dans la haute administration : on ne règle pas les problèmes, on les déplace. Le 27 mai, soit deux semaines plus tard, l'entreprenant conseiller était officiellement promu ambassadeur à l'autre bout du monde.

Certaines collaboratrices de la présidence de la République ont enduré pendant des années les allusions, voire les gestes déplacés, de leurs supérieurs. Si le cabinet de François Hollande a fini par faire le ménage, le moins que l'on puisse dire est qu'il l'a fait discrètement et sans jamais émettre de sanction.

Au palais, l'un des scandales les plus retentissants fut le départ du chef du service financier et du personnel. Nommé à l'Élysée en 2007, il a été maintenu à son poste par Sylvie Hubac, la directrice de cabinet de François Hollande. Une nomination qui en a surpris plus d'un, tant la réputation du haut fonctionnaire était sulfureuse. En août 2009, l'une de ses anciennes collaboratrices avait même adressé une lettre officielle à Christian Frémont pour dénoncer ses agissements. En quelques mois, Sylvie Hubac est tombée des nues en découvrant les plaintes récurrentes contre le DRH du Palais.

Un matin de fin février 2013, elle débarque dans le bureau de Christian Gravel, le responsable du service de presse : « Il va y avoir un peu de mouvement, lui annonce-t-elle. Voilà ce que tu dois savoir. » Sylvie Hubac lui explique alors qu'elle a reçu le chef de service en présence de son adjoint, Alain Zabulon, car elle dispose de plusieurs témoignages de jeunes femmes qui se plaignent de harcèlement sexuel. Aucune, toutefois, n'a déposé plainte. Confronté à ces lettres, le DRH « n'a pas moufté. Il n'a pas protesté, n'a jamais crié au scandale, ni dénoncé son éviction », comme l'assure l'un des très rares témoins de l'affaire. Elle lui laisse deux jours pour faire ses cartons, et aussitôt, la rumeur se répand dans le palais : « C'est une secrétaire qui l'a fait tomber », chuchote-t-on dans les couloirs.

En effet, le 27 janvier 2013, alors que le président de la République et son staff se rendent en avion aux obsèques de sa vieille amie Marie-Claude Chassagne, la mère de sa chef de cabinet, Isabelle Sima, la secrétaire de cette dernière s'assoit à côté du chef de l'État et lui parle de l'intéressé : « Il fait des avances au personnel, il se comporte très mal. Il y avait déjà eu un souci sous l'ancienne mandature, mais ça avait été enterré », se plaint l'assistante. Le président se fige : « Je ne veux pas d'histoires comme celle-là. Voyez-ça avec Sylvie Hubac dès que possible. »

Même si aucune plainte n'a jamais été formellement déposée, c'est l'accumulation de récits sur celui que les filles des bureaux surnomment le « DSK de l'Élysée » qui a eu raison de lui. Six ans durant, son statut lui permet d'obtenir le silence des secrétaires atterrées par ses manières : « Il avait la main sur tout, les ressources humaines, les finances, le service social. Tout était rattaché à son service[1] », raconte un collègue. Il décide notamment des renouvellements de contrats, des attributions de logements de fonction. Le chef tout-puissant surnomme même pour rire certaines collaboratrices « Peggy la cochonne » ou « la grosse vache », frôle de façon trop insistante le bras nu d'une attachée de presse, demande à son assistante si elle est en couple, elle qu'il trouve si « excitante avec ces nouvelles chaussures », quand il ne lâche pas des blagues racistes à la sortie d'un pot chez l'ex-directeur de cabinet de Nicolas Sarkozy, Christian Frémont. « Quelle est la différence entre les noirs et les blancs ? Les noirs c'est le Q, et les blancs c'est le QI. »

Le DRH a quitté l'Élysée, rejoint le ministère des Finances et dirige aujourd'hui un centre départemental de Finances publiques[2]. Il n'est pas le seul.

1. Entretien avec les auteurs.

2. Sollicité à plusieurs reprises, voici sa réponse : « Mon départ de l'Élysée s'inscrit dans la chaîne de ceux des huit chefs de service [le sixième] et d'une centaine d'agents intervenue dans les douze mois de la prise de fonction du nouveau président. Fonctionnaire mis à disposition, je n'ai pas à la commenter, pas plus que les rumeurs que vous évoquez, dont les fondements demanderaient certainement à être vérifiés et solidement établis. » Contacté, l'Élysée n'a pas souhaité

L'ex-intendant du palais, salarié de l'Élysée durant quatorze ans, a également été remercié en mai 2013 après avoir été mis en cause par une jeune femme de la marine rattachée à son service. Bien qu'elle n'ait pas déposé plainte, les faits qu'elle dénonce sont particulièrement graves : exhibition sexuelle, violence physique, menaces... La (rapide) enquête interne ne permet pas, une fois de plus, de recueillir la moindre preuve. L'ancien intendant n'hésite donc pas à porter l'affaire devant les prud'hommes. Dans un jugement d'octobre 2014, la justice paritaire lui donne raison et somme le palais, qui a fait appel, de lui verser 26 000 euros pour « licenciement sans cause réelle et sérieuse », au motif que « rien ne vient corroborer les griefs allégués » par l'employeur présidentiel. Ses collègues se souviennent tout de même « des petites fêtes, des apéros avec des gonzesses » qu'il donnait à l'Élysée, le week-end, quand le palais se vidait. « C'était fréquent que des nanas entrent au château dans des voitures aux vitres fumées sans que les gendarmes ne les voient ! Clairement, il profitait de la maison. Il piquait du champagne à la cave », raconte un habitué de ces parties. Bernard Vaussion, l'ex-chef du palais, avait d'ailleurs eu des mots avec lui. L'intendant avait postulé, en vain, pour devenir

---

commenter les raisons de ce départ, précisant juste que « la personne concernée a été écartée ».

responsable de l'intendance à Matignon. Désormais, il travaille sur une plage privée du sud de la France.

Quand les pratiques de harcèlement – ou discriminatoires – sont à ce point passées sous silence, elles ont tendance à se banaliser. À l'Élysée comme ailleurs, elles visent le plus souvent les personnels précaires. Les petites mains du château sont ainsi les premières victimes des économies réalisées sur le train de vie de l'Élysée. « L'entourage du président de la République est très dur, dénonce un cuisinier. Je connais l'Élysée depuis dix ans. Jamais il n'y a régné une telle violence sociale. Ils ne regardent que les chiffres et serrent la vis, mais que sur les petits. On n'en revient pas de tant de dureté, de la part d'un gouvernement de gauche. » L'ex-directrice de cabinet de François Hollande, Sylvie Hubac, cristallise les rancœurs. Les attachés de presse, notamment, n'ont toujours pas digéré « le deux poids, deux mesures » concernant les économies réalisées « sur le dos de ceux qui effectuaient les voyages préparatoires » aux déplacements présidentiels. Sylvie Hubac avait ainsi missionné le jeune Axel Cavaleri, chef adjoint de cabinet[1] pour jouer les *costkillers* et rogner sur les dépenses de voyages.

1. Il est resté sous les ordres de Pierre Besnard de juillet 2013 à décembre 2014.

« Lors des missions préparatoires, auxquelles participaient des chefs [Claudine Ripert, le chef du protocole, Sophie Hatt, etc.], on voyageait dans de bonnes conditions, en *business*, sur Air France, relate une attachée de presse. Mais quand nous, simples attachées de presse, ou membres du service audiovisuel et du GSPR, repartions en précurseur, on volait en classe éco et on dormait dans les pires hôtels. »

L'inégalité de traitement entre les conseillers et les salariés de base prenait des proportions incroyables : « Lors de missions préparatoires où il n'y avait plus assez de place pour tout le monde dans le même avion, Évelyne Richard[1], 71 ans, s'est retrouvée à voyager en classe éco, avec une escale de plusieurs heures, quand de jeunes conseillers volaient en *business*… Elle a fait valoir son âge, et Cavaleri lui a répondu : "Si tu ne peux pas le faire, tu n'as qu'à te faire remplacer !" Ce qui était impossible, on était à flux tendu, on ne rentrait pas chez nous pendant deux semaines d'affilée ! », s'indigne une autre femme d'une trentaine d'années. « Les économies effectuées sur le dos de ceux qui effectuaient les voyages préparatoires sont extrêmement mal passées, notamment à cause du deux poids deux mesures[2], confirme Christian Gra-

1. Pilier de l'organisation presse de l'Élysée, où elle exerçait déjà sous Georges Pompidou.

2. Entretien avec les auteurs.

vel, qui, à l'époque, dirigeait la communication. Ça n'a duré que quelques mois. » En effet, au premier semestre 2014, Aquilino Morelle, qui venait d'être chargé de la communication du président, s'est fendu, au nom de son service, d'une note sans ambiguïté à l'attention de Sylvie Hubac. Les attachés de presse sont désormais mieux traités, mais « l'humain a beaucoup souffert de la logique comptable », constate un pilier du palais.

Personne, y compris ceux qui occupent des postes en vue, n'échappe à la pression, voire, parfois, à la maltraitance. Les victimes, le plus souvent, se taisent, estimant que « c'est le jeu », le prix à payer lorsqu'on travaille à la présidence. Paul B. est arrivé au château en mai 2012, après une campagne présidentielle durant laquelle la jeune « plume » qu'il était avait rédigé nombre des projets de discours du candidat. À tout juste 35 ans, ce père de famille discret, diplômé de l'ENS, avait passé quatre ans auprès de Bertrand Delanoë, à la mairie de Paris. Un patron dont l'exigence et les emportements sont notoires. À l'Élysée, pourtant, Paul B. va découvrir un univers où les luttes d'influences autorisent mensonges et abus de pouvoir.

Pendant six mois, il est placé sous l'autorité du principal conseiller du président, le flamboyant Aquilino Morelle, ami d'Arnaud Montebourg et de Manuel Valls. Lors de la campagne, les deux hommes s'entendaient bien, se répartissaient les rôles de façon naturelle : Paul B. documentait et construisait les trames qui étaient remaniées par Aquilino Morelle, avant d'être remodelées, parfois entièrement, par François Hollande lui-même.

Mais, une fois au pouvoir, tout est bouleversé. Aquilino Morelle est en conflit ouvert avec le secrétaire général de l'Élysée, Pierre-René Lemas, et la directrice de cabinet du président, Sylvie Hubac. Dans cette guerre d'influence, le conseiller politique est prêt à tout pour se faire valoir auprès du président.

Les premiers temps, lorsque Paul B., qui ne voit jamais François Hollande en direct, apprend que son supérieur hiérarchique s'attribue les discours qu'il a passé des heures à ciseler, il se montre philosophe. C'est le jeu. Aquilino Morelle n'a plus envie d'écrire de discours, mais veut continuer à apparaître comme un pilier dans la géographie du pouvoir. Installé dans l'ex-bureau de Giscard, l'homme fort du cabinet présidentiel arrive à 11 h le matin, et de l'avis général, n'est pas écrasé de travail… Paul B., lui, reste de plus en plus tard à l'Élysée, en dépit de graves problèmes personnels. Sa lampe de bureau est toujours allumée à 3 h du matin, et il revient même le week-end. Leurs relations se tendent progressivement : « Il n'avait pas le droit d'aller pisser, Morelle le surveillait en permanence, l'appelait au téléphone sans arrêt[1] », se souvient un fonctionnaire.

Petit à petit, la plume, qui pourtant en a vu d'autres, craque. Les anciens de la mairie de Paris sont nombreux à l'Élysée, et c'est à eux qu'il commence à se confier. « Paul se plaignait beaucoup, dans les couloirs, du traitement qu'Aquilino lui réservait », raconte une amie. Fin 2012, au bout de six mois, Paul B. pousse la porte de Bernard Poignant, le vieil ami du président, et lui confie sa détresse. « Souvent, je me demande si François Hollande joue de la guerre entre ses conseillers, ou si c'est de l'indifférence », soupire-t-il. Sylvie Hubac et Pierre-René Lemas, qui haïssaient celui que le Tout-Paris avait rebaptisé « le petit marquis », s'empressent de faire « remonter l'affaire ».

Un soir, à leur demande, François Hollande reçoit la jeune plume dans son bureau. « Il ignorait tout de cette histoire, bien sûr, raconte un conseiller. Le président ne lève pas le capot de la voiture tous les jours… Mais il a alors réalisé combien Aquilino créait de la tension au cabinet. » L'Élysée est une maison de verre, et tout finit toujours par se savoir : « Quand j'ai appris que B. était allé pleurer chez François Hollande, je l'ai convoqué, lui ai demandé de s'expliquer, ce qu'il n'a pas fait. Je

1. Entretien avec les auteurs.

l'ai engueulé et l'ai dégagé », a raconté plus tard Aquilino Morelle à un ami.

En réalité, la plume n'a pas été « dégagée ». Paul B. est passé sous l'autorité de Sylvie Hubac pendant quelques mois, avant d'être « exfiltré » au Conseil d'État en janvier 2014. Il n'évoque plus jamais, son calvaire élyséen : « J'ai moi aussi de l'orgueil, je ne suis pas une victime », coupe-t-il lorsque ses amis l'interrogent.

Aquilino Morelle soupçonne pourtant son ancien collaborateur de ne pas en être resté là, et de l'avoir « balancé » à Mediapart pour se venger. De fait, l'article du 16 avril 2014, très bien informé, a causé sa perte. Le site révélait que le conseiller, grand pourfendeur des conflits d'intérêts dans les médias, avait travaillé en 2007 pour des laboratoires pharmaceutiques à une époque où, inspecteur à l'IGAS[1], il était censé les contrôler. Il a depuis été blanchi. L'article détaillait aussi les goûts de luxe et « les folies du conseiller de François Hollande » : son cireur de chaussures, ses séances de massages le vendredi aux Bains du Marais, ses abus d'autorité sur des secrétaires chargées de relever les loyers de ses appartements…

Pour un président en quête de « normalité », les dérives personnelles du conseiller sont bien plus

1. Inspection générale des affaires sociales.

catastrophiques politiquement qu'un vieux conflit d'intérêts. Le 18 avril 2014, deux jours après la parution de l'article, une enquête préliminaire est ouverte par le parquet national financier et le départ d'Aquilino Morelle est officialisé[1].

Un an après l'affaire Cahuzac, la chute du conseiller le plus détesté du château est presque célébrée, notamment par Pierre-René Lemas et Sylvie Hubac.

Qui pourrait alors croire que, seulement deux mois plus tard, François Hollande inviterait Aquilino Morelle dans les dorures de l'Élysée ? Le président déteste se fâcher et ne rompt jamais : « Je t'aime, je ne pouvais pas faire autrement », s'est-il excusé auprès d'Aquilino Morelle, ce jour de juin 2014.

Ce dernier n'est pas dupe : « Donner ma tête à ceux qui la réclamaient depuis le premier jour a été un soulagement pour François Hollande, lâche-t-il en privé. Alors que cet homme s'est accroché à moi comme à une bouée pendant trois mois, il m'a trahi les yeux dans les yeux. »

Après ce dernier rendez-vous, les deux hommes ne se sont plus revus.

---

1. L'enquête préliminaire sera classée sans suite par le parquet national financier le 8 février 2015.

Petite cuisine en soupente
pour 2017

L'hôtel de Marigny est un discret palais de pierre blanche, édifié juste en face de l'Élysée au XIXe siècle. Il a poussé sur les ruines de deux anciens hôtels particuliers, et s'ouvre sur l'avenue de Marigny d'un côté, et sur la rue du Cirque de l'autre. Du dehors, on aperçoit le jardin, une fontaine, des terrasses, et surtout la façade d'honneur où des éléments architecturaux plus anciens, provenant de l'hôtel de Choiseul, ont été incorporés. Les passants qui ignorent que vivait là Miss Howard, la maîtresse de Napoléon III, premier président de la République française, n'y jettent qu'un œil distrait.

Un peu après le 7 de la rue de Marigny, le mur d'enceinte cache pourtant une porte secrète, un panneau de pierre coulissant que Carla Bruni-

Sarkozy empruntait quand elle voulait rejoindre discrètement le château, au grand amusement des promeneurs japonais qui voyaient parfois la première dame « sortir du mur ». Très joueur lui aussi, François Hollande préférait emprunter le souterrain qui relie le palais de l'Élysée à l'ancienne demeure de Gustave Rothschild, pour retrouver Julie Gayet dans l'appartement de la rue du Cirque…

L'hôtel de Marigny a toujours été un lieu de passage. Cédée à l'État en 1972, la bâtisse a accueilli jusqu'en 2008 les chefs d'État invités par la France[1]. Une tradition qui s'est perdue, les hôtes de marque préférant désormais descendre dans les palaces de la capitale ou les résidences de leurs ambassadeurs. Le dernier à avoir occupé Marigny est le colonel Kadhafi, qui avait planté sa tente dans ses jardins en décembre 2007. La polémique, à l'époque, avait précipité la transformation des lieux en simple annexe de l'Élysée.

Le résultat est étonnant. Depuis que les chambres ont été converties en bureaux, les salles de bains carrelées attenantes servent désormais de lieu d'archivage. Des étagères ont été installées le long des baignoires. Mais bien que dédié au travail et privé

1. Fidel Castro, Elizabeth II d'Angleterre, Saddam Hussein, entre autres.

de son faste d'antan, l'hôtel particulier continue néanmoins à faire parler de lui.

C'est là qu'Aquilino Morelle, par souci de discrétion, déposait ses précieux mocassins pour les faire cirer. Là, aussi, que l'on pouvait trouver un autre conseiller de l'équipe d'Hollande en délicatesse avec la justice, Faouzi Lamdaoui, jusqu'à sa démission en décembre 2014[1]. Ce très proche du président naviguait depuis des années dans son sillage : François Hollande avait d'ailleurs confié à l'ex-secrétaire national chargé des questions de diversité au parti socialiste le même portefeuille à la présidence. Avant de l'expédier de l'autre côté de la rue, à Marigny...

Un symbole, pour ceux qui savent lire entre les lignes : « Soyons clair : c'est à Marigny que François Hollande relègue les conseillers les moins stratégiques à ses yeux, explique un "décrypteur" des codes élyséens. Bien sûr, ceux qui s'y trouvent font mine d'y être bien, dans une sorte d'esthétisme de l'éloignement... Mais ils savent ce qu'il en est vraiment[2]. » Tel Pierre Valleix, « monsieur Justice » de la présidence jusqu'à l'été 2014, tenu

1. Il était poursuivi pour abus de biens sociaux et fraude fiscale. La procédure a été annulée le 17 novembre 2015, les magistrats lui accordant l'exception de nullité.

2. Entretien avec les auteurs.

à l'écart des dossiers chauds : « Hollande n'a ni appétence ni intérêt pour la justice, du point de vue institutionnel, soupirait-il en privé. Il n'a pas de réseaux dans ce monde-là ». Et le conseiller n'avait plus qu'à en prendre son parti.

S'il ne règne pas, de ce côté-ci de la rue, la même excitation qu'au château, la demeure a tout de même ses avantages. Le cadre cossu – tapisseries d'Aubusson, mobilier de style Louis XV ou Empire, commodes et bronzes estampillés… – vient en général à bout des susceptibilités et assouplit ceux qui s'y installent, quel que soit leur bord politique. Une aubaine pour François Hollande, qui voit en l'hôtel de Marigny un écrin où faire discrètement prospérer ses alliances en vue de 2017.

Le fait d'y avoir installé son conseiller parlementaire, Bernard Rullier, n'est pas un hasard. Le quinquagénaire, qui a ses entrées dans tous les groupes parlementaires, a pour mission de fédérer ici tous les futurs alliés du « président-peut-être-candidat ». Son grand bureau jouxte celui de Jean-Pierre Bel, ancien président du Sénat, officiellement chargé par François Hollande d'une mission bénévole d'« envoyé personnel du président de la République pour l'Amérique latine ». La zone serait « une priorité de la politique extérieure de la France », expliquait le communiqué de l'Élysée lors de sa nomination en janvier 2015. En dehors d'une « semaine de l'Amérique latine » en juin dernier, passée aussi inaperçue que les années précédentes, difficile pourtant de dire ce que ce proche du président, marié à une cubaine, a réalisé à ce poste. Pour une connaisseuse des arcanes de l'Élysée, la vraie mission de Jean-Pierre Bel à Marigny serait plus stratégique, alors que François Hollande a perdu le soutien de la gauche de la gauche : « Bel parle encore aux communistes. Il va à la Fête de l'Huma », résume-t-elle, en allusion aux réseaux castristes de l'ancien sénateur.

Dans la perspective de 2017, l'ex-garçonnière de Napoléon III accueille d'autres invités du chef de l'État, tous courtisés aux mêmes fins. « On travaille aussi le contact avec les chiraquiens, via Jean-Louis Borloo », explique un conseiller. L'ancien président de l'UDI tient depuis le mois de février la permanence de sa fondation pour l'électrification du continent africain, Énergie pour l'Afrique, à l'Élysée.

Au premier étage de l'hôtel, le centriste et son collaborateur disposent d'un bureau et d'une secrétaire. Ses frais de mission – « sur vols réguliers », précise-t-on au Château – sont également pris en charge, prélevés sur la cassette du président. L'ancien ministre travaille en lien direct avec la cellule diplomatique du chef de l'État. Quel retour sur investissement espère François Hollande ? « C'est assez nébuleux… On ne sait pas ce qu'il fera, *in fine*. Les amis de Jean-Louis Borloo, à l'Assemblée, votent comme Les Républicains » déplore-t-on à l'Élysée.

La manœuvre est plus limpide en ce qui concerne Nicolas Hulot, logé dans un vaste bureau avec vue sur les jardins, au rez-de-chaussée de l'hôtel de Marigny. Une opération de séduction justifiée : un récent sondage[1] montre que l'ancien candidat à la primaire d'EELV est la personnalité que préfèrent les électeurs de droite comme de gauche. L'ancien présentateur d'« Ushuaïa » est un bosseur et un véritable *booster* d'image.

Jacques Chirac avait tenté en vain de mettre la main dessus, Nicolas Sarkozy en avait fait son conseiller pour le Grenelle de l'Environnement. En 2015, il a été chargé par François Hollande – dont il dépend directement – de convaincre les grandes consciences du monde de se déplacer à Paris et de faire des gestes concrets en décembre pour la COP21, la conférence de l'ONU sur les changements climatiques. Ses frais de mission, qui s'est terminée le 6 janvier 2016, étaient pris en charge par l'Élysée et un diplomate détaché du quai d'Orsay faisait office de chargé de mission.

1. *Le Journal du Dimanche*, 31 janvier 2016.

À Marigny, Nicolas Hulot, très présent, disposait aussi de deux collaborateurs et d'une secrétaire. Mais à un an de la présidentielle de 2017 « il reste sur un discours très environnementaliste », regrette un conseiller du président, qui aurait aimé un soutien plus franc… Nicolas Hulot a refusé d'entrer au gouvernement lors du remaniement de février 2016.

Si François Hollande cultive la réputation d'être en prise directe avec le terrain, il est largement aidé par une armada de conseillers salariés par l'Élysée pour « prendre la température » du pays. Du moins, sur le papier. Car le dispositif officiel, en parti basé à Marigny, connaît des ratés…

À la tête de cette « armée mexicaine », Vincent Feltesse, quadra « vibrionnant » a été chargé à la rentrée 2014 des « relations avec les élus et les formations politiques ». Il chapeaute depuis l'Élysée « les 3 B » – Bernard Poignant, Bernard Combes et Bernard Rullier –, un trio de quinqua-sexagénaires rétifs à sa tutelle et jaloux de conserver leurs liens directs avec François Hollande.

Bernard Poignant, l'ex-maire de Quimper, organise bénévolement, depuis une soupente du château, des déjeuners avec les élus locaux. « Vieux sage » et ami de trente ans du président, il en tire des notes qui atterrissent – sans avoir été visées par Vincent Feltesse – directement sur le bureau du chef de l'État.

Le Corrézien Bernard Combes, maire de Tulle et premier vice-président du Conseil départemental, est chargé des « projets locaux ». Concrètement ? Il maintient le lien entre le président et sa terre d'élection, recevant les doléances des élus corréziens et limousins à qui François Hollande avait fait cette promesse : « Pas de privilèges, mais une attention particulière. » Pour cela, Bernard Combes dispose d'un bureau, d'un secrétariat et d'un collaborateur à l'hôtel de Marigny.

À ses côtés, le troisième « B » du président, Bernard Rullier, conseiller parlementaire de l'Élysée et ancien membre du premier cercle du chef de l'État. Un haut fonctionnaire protestant, qui a écumé les cabinets ministériels sous Lionel Jospin avant de piloter l'équipe de Jean-Pierre Bel à la tête du Sénat. Comme beaucoup d'autres, il a été « aspiré » par la présidence en 2012. Un lieu dans lequel il fane, désormais. Depuis que François Hollande n'a pas soutenu sa candidature comme tête de liste socialiste dans le Ve arrondissement aux municipales de 2014, et qu'Anne Hidalgo lui a préféré Marie-Christine Lemardeley, Bernard Rullier est amer. Fidèle de la première heure, il ne digère pas le manque de gratitude de celui qu'il a accompagné quand il était en pleine traversée du désert, regrette d'avoir été « trop loyal » avec François Hollande. Bien qu'il assiste à toutes les réunions de cabinet, il se sent marginalisé : « Claude Sérillon est parti de lui-même, à cause de l'arrivée de Gaspard Gantzer. Hollande lui a fait comprendre que c'était fini, par un biais… Je me suis dit qu'il me faisait la même chose avec Feltesse[1] », confie-t-il en privé.

De fait, Hollande fait en sorte que ses collaborateurs soient en concurrence, il aime le flou, l'important étant que les choses lui remontent, de façon formelle ou détournée. Combien de fois, alors qu'il assistait aux bureaux nationaux du parti socialiste, Bernard Rullier a-t-il été court-circuité par les cadres de Solférino qui, portables à la main, rapportaient directement par SMS au président l'absence d'untel ou la remarque d'un autre… Il n'est pas dupe, mais à 53 ans, Bernard Rullier constate durement que, de ce côté-ci de la rue de Marigny, il est loin du soleil. Malgré le jardin, la pièce d'eau, les saisons qui colorent les arbres, il a pensé partir. Et puis s'est ravisé : « J'ai fait trop de politique, je ne serai plus jamais secrétaire général au Sénat. Je le sais, j'ai fait une croix dessus, a-t-il lâché, un soir, à un ami. Je suis condamné à rester, maintenant, à le soutenir jusqu'en 2022 et à le trouver formidable. »

François Hollande a fini par sentir le désarroi de son conseiller, cet ancien camarade dont la ran-

1. Entretien avec les auteurs.

cœur ne s'éteint pas. Il l'a reçu en juillet 2015, tentant de le cajoler : « Tu veux que je te nomme quelque part, préfet, comme Isabelle Sima ? » Rasséréné, Bernard Rullier a décliné, demandant juste « à rester » à l'Élysée.

« Je pense qu'il sera réélu sur un positionnement qui va surprendre : Mitterrand en 1988, l'union des Français contre la dislocation du pacte social. Bref, face à un FN à 40 % », pronostique-t-il souvent.

Marigny n'est pas la seule annexe de l'Élysée dont l'usage demeure assez flou, pour ne pas dire carrément obscur. La façade blanche du palais de l'Alma, quai Branly, dans le VIIe arrondissement, s'étale le long de la Seine, au pied de la tour Eiffel. On n'y entre pas sans l'accord des gendarmes de faction. Édifié en 1861 et composé de plusieurs corps de bâtiments, le palais, qui abrita longtemps les écuries présidentielles, accueille aujourd'hui le service de la correspondance de l'Élysée et la galerie des cadeaux présidentiels. Des dépendances où s'activent une centaine de petites mains employées par le palais et qui font régulièrement l'objet de reportages télévisés…

Ce que l'on ne voit jamais, en revanche, ce sont les bâtiments qui accueillent les quelques soixante-trois logements de fonction réservés aux collaborateurs du président et au personnel de l'Élysée.

Le palais refuse de communiquer la liste de ceux qui y vivent[1].

Le lieu hante pourtant la mémoire collective française. C'est là, en 1983, que François Mitterrand avait installé aux frais de la République Anne Pingeot et la jeune Mazarine, à la demande des équipes de sécurité de l'Élysée dirigées par Christian Prouteau. À l'époque, explique le député socialiste René Dosière, spécialiste des finances publiques, « il n'y avait pas de transparence sur le budget de l'État ». Certes. Mais par la suite, les présidents se sont succédés et les conditions d'attribution de ces logements – dont les occupants paient des charges, mais pas de loyer, dans l'un des arrondissements les plus chers de Paris – sont restées plus qu'opaques.

Le matin, à l'heure où les voitures officielles attendent dans la cour d'honneur de la résidence située quai Branly, on voit aussi bien sortir un patron de la DGSE, flanqué de sa protection rapprochée, que les aides de camp du président. On aperçoit Kevin Costner, le siège du président qui y a emménagé l'année dernière, après avoir été reconnu dans le quartier où il vivait.

1. Alors qu'il suffit de consulter les pages blanches pour obtenir une bonne partie des noms et numéros de téléphone des occupants…

On croise des conseillers politiques, comme Vincent Feltesse, alors que l'un d'eux domicilié dans la région d'origine du président, ne passe que deux jours par semaine à Paris. « Personne ne connait les critères d'attribution des appartements de l'Alma, beaucoup les ont obtenus au culot, ou parce qu'ils sont proches du président », raconte un ancien employé de cuisine, qui y a vécu plus de quinze ans. C'est finalement le « décret Fillon » du 9 mai 2012 sur l'attribution des logements de fonction qui va contraindre François Hollande à « faire le ménage », du moins en façade.

Dans une note du 30 avril 2014, Sylvie Hubac, directrice de cabinet du chef de l'État, a défini les « critères d'attribution et de gestion des logements pour les personnels de la présidence ». Selon ce document, depuis le 1er septembre 2015, la gratuité systématique n'a plus cours quai Branly. Seuls les personnels répondant à une « nécessité absolue de service » (« NAS », c'est à dire une obligation de disponibilité), soit vingt-huit personnes, sont toujours dispensés de loyer. Il s'agit par exemple du chef de cabinet adjoint, du conseiller diplomatique, du général Puga, le commandant militaire, de Guillaume Gomez, le chef des cuisines, ou encore d'Hervé Guénot, le chef de l'intendance. Tous les autres sont soumis à une redevance. Elle est égale à 30 % de la valeur locative réelle pour ceux qui jouissent d'une « convention d'occupation précaire avec astreinte » (membres du GSPR, majordomes, etc.) et oscille entre 50 % et 85 % de la valeur locative réelle (en fonction des ressources et de la composition du foyer) pour les employés bénéficiant d'une « autorisation d'occupation précaire » (jardiniers, lingères, etc.).

Le rapport de la Commission des finances de l'Assemblée nationale daté d'octobre 2015 se félicite de cette « opération de remise à plat ». Un peu vite, toutefois. Car si le nouveau dispositif s'applique à toutes les nouvelles attributions de logement depuis le 1er septembre 2015, les occupants de longue date, eux, ne versent toujours pas de loyer. Et ne devraient pas en verser avant la fin des travaux de désamiantage, prévus en juillet 2016…

« Ils ne veulent pas de scandale, s'amuse un locataire. Vu que les appartements ne sont pas aux normes, nous serions fondés à refuser de payer[1] ! » Selon lui, il s'agit surtout d'une façon de calmer la grogne du « petit personnel » logé à l'Alma, qui devra verser les loyers les plus élevés alors qu'ils touchent les plus faibles revenus. « Il se trouve que la manière dont Sylvie Hubac a fait les choses

1. Entretien avec les auteurs.

épargne les hauts fonctionnaires et les conseillers, certes soumis à des astreintes, mais qui touchent les salaires qui vont avec !, se plaint un cuisinier. Les appartements de l'Alma étaient une compensation pour les plus petits salaires, c'était même stipulé dans le contrat de certains ! Pour nous, il restera que c'est la gauche au pouvoir qui a foutu dehors les ouvriers. »

À l'Élysée, personne ne souhaite s'exprimer sur l'interprétation du « décret Fillon » et ses « effets pervers[1] ». Et encore moins préciser les conditions d'attribution des logements, qui, après vérification sur place, sont parfois occupés par des locataires qui ne travaillent absolument pas au 55, rue du Faubourg-Saint-Honoré.

Comment expliquer, par exemple, qu'un employé qui a quitté ses fonctions à la présidence l'été dernier et qui travaille officiellement dans le privé depuis six mois soit toujours logé, gratuitement, dans un grand trois-pièces à l'Alma ? Que dire de son voisin, ancien majordome personnel de Jacques Chirac, hébergé lui aussi gracieusement depuis neuf ans ? Il n'est pas le seul proche de l'ex-président

1. Contacté, Frédéric Monteil, chargé de mission auprès du directeur de cabinet du président de la République, et responsable de l'attribution des logements, n'a pas voulu nous répondre.

corrézien à profiter de ces faveurs : l'ancienne secrétaire générale de la Fondation des Amis de Jacques Chirac, dont l'époux était l'ex-« monsieur Afrique » de Nicolas Sarkozy, bénéficie également d'un coquet pied-à-terre à l'Alma.

Il faut dire que la copropriété est agréable. Tout le monde paie des charges, ce qui permet de faire rentrer près de 200 000 euros par an, selon la Cour des comptes.

Les locataires se croisent le plus souvent quand ils font leurs courses au G20 de la rue Saint-Dominique, moins cher que les boutiques de la rue Cler. Ils échangent parfois un mot dans la loge de l'entrée en allant chercher leur courrier. Quand le soleil frappe dans la cour d'honneur, transformée en parking, on aperçoit le conseiller diplomatique tirer de grands stores blancs sur les fenêtres de son salon.

Le jeune chef de cabinet adjoint de François Hollande organise parfois des dîners, comme ce soir de mai 2015, où il n'avait convié que des membres du clan des Corréziens. Isabelle Sima et son assistante, Nabila Tache, ainsi que l'ex-n°2 du GSPR remercié par Sophie Hatt, Arnaud Chevreul, sont descendus hilares d'un monospace de la régulation avant de s'engouffrer dans l'immeuble de façade.

Des diplomates de l'ombre

19 novembre 2015. Cérémonie de remise de la Légion d'honneur de Ramzi Khiroun, 44 ans et de Jean-Pierre Elkabbach, 78 ans. Le premier, proche d'Arnaud Lagardère et directeur des relations extérieures du groupe éponyme, a souhaité être épinglé des mains du président de la République en personne, lequel a bien entendu accepté. Six jours après les attentats du 13 novembre, le Tout-Paris se presse à cette sauterie fermée à la presse (sauf pour quelques privilégiés) où un parterre de stars du CAC 40 a été convié.

Fait exceptionnel, les récipiendaires ont le droit de reprendre la parole après l'éloge du chef de l'État. Jean-Pierre Elkabbach, antique « Lagardère boy » en détachement permanent sur Europe 1, suit son poulain du regard. C'est notamment lui qui l'a introduit auprès de François Hollande.

En 2003, après un entretien rue de Solférino, au siège du parti socialiste, François Hollande raccompagne la journaliste Ariane Chemin, grand reporter au *Monde*, à la porte de son bureau. À l'époque, son regard sur Ramzi Khiroun était bien différent : « On s'était arrêtés et il m'avait demandé si je connaissais "ce jeune homme que l'on voit toujours aux côtés de Dominique Strauss-Kahn", se souvient-elle. Il m'avait notamment parlé de ses chaussures, comme on parle des chaussures d'un Italien dans un film des années 1950. Il m'avait dit : "C'est incroyable que les journalistes n'enquêtent pas sur lui, c'est quand même très étrange." Il avait à la fois envie de savoir et que la presse s'occupe de lui, raconte exactement qui était Ramzi Khiroun[1]. »

Au palais, le revirement du président vis-à-vis du fils de chauffeur de taxi de Sarcelles s'explique simplement : il relève du pragmatisme. François Hollande est devenu président de la République et il veut pouvoir compter sur le groupe Lagardère et ses médias (*Le Journal du Dimanche*, *Paris-Match*, Europe 1) pour rendre compte du mieux

1. Récit d'Ariane Chemin, sur l'antenne de RTL, une semaine avant la célébration républicaine.

possible de sa politique. D'ailleurs, n'agit-il pas de la même manière avec tout le *staff* de François Pinault (propriétaire du *Point*, influant dans les milieux d'affaires) en vue de la campagne présidentielle de 2017 ? Enfin, parti de rien, Ramzi Khiroun est une parfaite figure de la méritocratie républicaine, dont – c'est le moins que l'on puisse dire – on ne compte que peu de représentants autour de François Hollande, fervent pratiquant de l'endogamie.

Voilà pour la version officielle. Car à l'Élysée, d'autres rumeurs courent : si le président a changé d'avis sur l'alter ego d'Arnaud Lagardère, c'est que ce dernier a rendu service au pouvoir. Pour certains, dont un ami proche de Ramzi Khiroun, il s'agissait de remercier Jean-Pierre Elkabbach et son poulain, qui, en pleine crise sur les sous-marins russes, ont maintenu des liens avec le Kremlin. Grâce à sa longue amitié avec l'ambassadeur Orlov, le journaliste d'Europe 1 a obtenu une interview de Vladimir Poutine, l'occasion de faire passer des messages à Moscou. « L'ambassadeur de France en Russie est Jean-Maurice Rippert, un ami intime de François Hollande, on n'avait pas besoin d'autres émissaires », conteste un conseiller du président. Pour d'autres, et c'est la version la plus répandue, Ramzi Khiroun aurait joué un rôle crucial dans la libération des journalistes otages en

Syrie, dont Didier François, d'Europe 1[1]. Sur ce point, il est établi que s'il a accompagné de près les étapes, il n'a pas été décisif dans la libération.

En revanche, dans le plus grand secret, c'est un très proche de François Hollande qui, dès l'annonce de l'enlèvement des reporters par Daesh le 6 juin 2013, manœuvre dans l'ombre. Comme le président de la République, Julien Dray est un ami de longue date du grand reporter Didier François, alias « Rocky ». Ils se sont connus à la Ligue communiste révolutionnaire il y a près de quarante ans, et ont fondé SOS Racisme avec Harlem Désir, en 1984. « Rocky est comme un petit frère pour moi, explique Dray. Dans un moment comme ça, c'est normal qu'on ait envie de trouver des solutions. Didier est aussi un ami de François Hollande. »

Pour sortir son vieux camarade des mains de l'État islamique, Julien Dray va manœuvrer en sous-main, mais avec la bénédiction du chef de l'État. À l'Élysée, seul le secrétaire général, Pierre-René Lemas, est dans la confidence.

Officiellement, la France refuse de traiter avec le régime de Bachar el-Assad. Or, par l'inter-

1. Il a été enlevé en même temps que Nicolas Hénin et Édouard Élias.

médiaire d'un autre vieux camarade, le patron de l'agence de communication Equancy, Robert Zarader[1], Julien Dray va entrer en contact avec Rifaat el-Assad, l'oncle de Bachar, exilé en Europe depuis les années 1980. L'ancien chef de la sécurité syrien est un opposant déclaré et virulent au régime de son neveu, mais il dispose encore de contacts hauts placés dans les services de renseignement de Damas. Surtout, il bénéficie, quoi qu'il entreprenne, de l'appui des Américains et des Saoudiens[2]. Robert Zarader et Rifaat el-Assad se sont rencontrés il y a quatre ans par l'intermédiaire du lobbyiste Bruno Guarnieri, qui traite les affaires de Rifaat à Paris depuis vingt-cinq ans[3]. Depuis, le communicant développe l'influence de l'exilé politique : grâce à ses contacts, Robert Zarader fait en sorte que Rifaat s'impose comme un personnage incontournable dans la sortie de crise en Syrie.

Dès le lendemain de l'annonce de l'enlèvement des journalistes, Bruno Guarnieri se souvient que tout est allé très vite : « Le 7 juin, Robert Zarader me contacte par texto : "Dray va t'appeler." Effec-

1. On le crédite d'avoir créé le concept de « président normal » lors de la campagne de 2012.

2. Le roi Salmane Ben Abdelaziz al Saoud soutient les rebelles de l'Armée syrienne libre.

3. Bruno Guarnieri avait fait la connaissance de Robert Zarader durant la campagne de 2012.

tivement, je l'ai au téléphone. Il me demande de venir le voir. » Le lobbyiste rejoint l'élu dans son bureau de la rue Vaneau, au deuxième étage du siège de la présidence du Conseil régional. « Mon meilleur ami, Didier François, a été pris en otage. Six heures après son entrée en Syrie, sa balise a cessé d'émettre et il n'a plus donné signe de vie. L'Élysée est au courant de ma démarche, lâche Dray. Didier est aussi un ami personnel de François Hollande. » Bruno Guarnieri doit tout mettre en œuvre : « Il voulait que j'organise un rendez-vous avec Rifaat dans les vingt-quatre heures. Il a insisté pour que la rencontre se déroule dans un lieu public. »

C'est qu'à l'Élysée on fait de la diplomatie parallèle transparente.

Le rendez-vous se déroule tout près du château, à l'hôtel Bristol, où de nombreux politiques et hommes d'affaires ont leur rond de serviette. Autour de la table, Julien Dray et Robert Zarader font face à Bruno Guarnieri, Rifaat el-Assad venu accompagné de son fils Siwar, ainsi qu'un ancien agent de la direction du renseignement militaire français qui se fait appeler Karim.

« Dray et Zarader disent qu'ils sortent d'un entretien avec Hollande et ont carte blanche pour sauver Didier François qu'ils présentent à Rifaat el-Assad comme un ami personnel du président[1] », se souvient Bruno Guarnieri. Ce soir-là, Julien Dray veut convaincre Rifaat el-Assad qu'il a tout à gagner à l'aider : « J'ai convaincu Hollande que vous n'êtes pas un homme du passé, aidez-moi à lui prouver que j'ai raison », lâche-t-il au Syrien. Rifaat el-Assad ne se laisse pas embobiner pour autant : « Quand vous avez besoin de moi, l'Élysée sait où me trouver mais quand j'ai besoin de la France, il n'y a jamais personne. » Claude Guéant attend un rendez-vous à une table voisine. Les négociateurs baissent la voix. Finalement, Rifaat el-Assad s'éloigne un bon quart d'heure, portable vissé à l'oreille.

Selon Karim, parfaitement arabophone, il parle au roi d'Arabie saoudite puis au patron des services de renseignement du royaume. Rifaat el-Assad reprend sa place autour de la table. Immédiatement, il livre les premières informations sur la situation des otages français : « Didier François se situe dans un triangle Raqqa-Alep-Der-ez-Zor. Il a été pris par un fixeur francophone. On peut le faire sortir en dix jours. S'il y a une demande de rançon, je la paie », indique, péremptoire, l'oncle de l'autocrate syrien. Le groupe convient de se revoir dès le lendemain. « Le 8 juin au matin,

1. Entretien avec les auteurs.

Rifaat m'apprend que Didier est en danger, raconte Julien Dray. Selon ses infos, on était au bord d'une exécution. J'ai averti Pierre-René Lemas, le secrétaire général de l'Élysée. Je l'ai prévenu en tête à tête : "Si on n'arrive pas à avancer, on va faire le truc nous-mêmes." »

À ce stade de la crise, Julien Dray et l'équipe qu'il a constituée se sentent totalement lâchés par l'Élysée. Bruno Guarnieri reçoit un SMS de Robert Zarader qui en dit long : « Les cons de l'Élysée[1] et les services[2] nous traitent comme des m… alors qu'ils ont douze heures de retard d'infos sur nous grâce à vous… » Le communicant est furieux, il bombarde Bruno Guarnieri de SMS rageurs, comme le 9 juin : « Les services considèrent qu'on est des zozos… Juju [Julien Dray] est très remonté. »

Ce jour-là, un deuxième entretien se déroule au pied-à-terre parisien de Rifaat, avenue Foch dans le XVIe arrondissement. Robert Zarader est en retard. Ses bureaux ont été cambriolés durant la nuit. Il prévient par SMS : « Sans parano, les locaux d'Equancy ont été visités et fracturés, des dossiers et un seul portable volé, le mien. »

1. La cellule diplomatique.
2. DGSE.

Rifaat al-Assad, suspecte un mauvais coup de la DGSE. Sans preuve bien sûr, mais il sait que le patron du renseignement extérieur, Bernard Bajolet, l'a dans le collimateur. De surcroît, ce dernier, qui a connu Hollande à l'ambassade de France à Alger lors de son stage d'énarque en 1978, entretient une relation exclusive avec le président de la République.

Des liens particuliers se sont noués entre eux en Algérie, le président ne lui refuse rien et lui fait une confiance aveugle. Du point de vue de l'Élysée, les otages, comme le renseignement extérieur sur l'islamisme radical, relève du domaine réservé de Bernard Bajolet, et de personne d'autre. Malgré de piètres résultats – la DGSE n'a pas repéré les terroristes du 13 novembre dont certains étaient arrivés de Syrie et d'Irak –, Bernard Bajolet continue de conserver la confiance du président. Mieux, il a été prolongé par décret dans ses fonctions de patron de la DGSE alors qu'il a atteint la limite d'âge.

Soupçonnant un mauvais coup, Rifaat el-Assad se retire du jeu.

Le 11 juin 2013, la France, soulagée, reçoit des preuves de vie des otages.

Durant l'été, la DGSE prend alors une initiative censée accélérer leur libération. Elle dépêche à Raqqa un agent arabisant de l'ambassade de

France à Ankara. Escorté par des commandos du Centre parachutiste d'instruction spécialisée (CPIS, le service action de la DGSE, basé à Perpignan), le fonctionnaire a emporté 100 000 dollars avec lui. L'opération tourne au fiasco. L'agent rentre bredouille et l'argent s'est envolé.

Informé de cet échec par l'Élysée, Julien Dray reprend contact dès la rentrée avec Bruno Guarnieri et Karim, l'ancien de la direction du renseignement militaire : « Il nous dit que la DGSE patauge et insiste : "Soyez patriotes aidez-nous, même sans Rifaat." » L'oncle de Bachar el-Assad sorti du jeu, l'armistice est déclaré entre les diplomaties officielle et officieuse. Bernard Bajolet va à Canossa et rend visite à Julien Dray au Conseil régional d'Île-de-France. Une initiative personnelle ? « C'était à la demande de l'Élysée : tout le monde devait unir ses efforts pour faire sortir les otages sains et saufs[1] », dévoile aujourd'hui un conseiller du président. A la mi-mars, Bernard Bajolet offre ses services à Julien Dray : « On va travailler ensemble. » Ce dernier n'est pas né de la dernière pluie. Loin de là.

« L'Élysée m'a envoyé Bajolet en me disant "il va te rassurer" », confirme l'ancien député de

1. Entretien avec les auteurs.

l'Essonne et visiteur du soir régulier du président de la République. « Quand je l'ai vu, il m'a dit : "La situation des otages est tendue mais à notre connaissance, il n'y a pas d'exécution prévue." Ensuite, il a joué le patron des services typique, essayant de me soutirer des informations sans rien lâcher. Pour moi, les informations de Rifaat el-Assad sont précises et fiables. D'après ce que je sais, elles proviennent des services syriens qui font des écoutes téléphoniques sur les Français. »

Agacé, Julien Dray joue le jeu. Les contacts de Karim sont alors mis à la disposition de la DGSE. L'affaire se conclut, selon les négociateurs, par une transaction de 9 millions de dollars. « C'est la DGSE qui a introduit l'idée d'une rançon, jusque-là, il n'en avait jamais été question avec Rifaat », explique Karim.

Les otages sont libérés le 19 avril 2014, Julien Dray remercie Bruno Guarnieri et Karim par SMS : « Merci pour votre engagement, merci pour le travail accompli. Fais passer le message aussi à notre ami suisse[1]. » Le rôle de Rifaat el-Assad n'apparaîtra pas dans l'histoire officielle. Robert Zarader, en revanche, recevra la Légion d'honneur des mains du président, son ami, en février 2015.

---

1. Rifaat el-Assad est actuellement installé à Genève.

Le général qui murmure
à l'oreille du président

En matière de diplomatie, François Hollande, au pouvoir, n'hésite pas à revenir sur ce qu'il disait avec force convictions dans l'opposition. En 2008 alors que Nicolas Sarkozy, président de la République, lançait le processus du retour de la France au sein du commandement intégré de l'OTAN, François Hollande menait la fronde à l'Assemblée nationale. Il avait même tenu, le 8 avril 2008, à prononcer le discours de la motion de censure que son parti venait de déposer à la chambre des députés contre cette initiative « fâcheuse ».

Pourtant, le 4 janvier 2016, ainsi que l'a révélé *Le Canard enchaîné*, François Hollande faisait approuver en conseil des ministres le dépôt d'un projet de loi « autorisant l'accession de la France au protocole sur le statut des quartiers généraux militaires internationaux créés en vertu du traité de l'Atlantique Nord ». En clair, la France se prépare à réintégrer toutes les structures de l'OTAN.

Faut-il y sentir l'influence du général Benoît Puga, chef d'état-major particulier du président de la République de Nicolas Sarkozy, puis de François Hollande, de plus en plus présent au fil des années au côté du chef de l'État ?

Contre l'avis du ministère de la Défense[1], le président de la République a tenu à garder ce militaire à la carrière exceptionnelle, bien qu'il ait dépassé la limite d'âge théorique des officiers généraux cinq étoiles qui est de 61 ans. L'homme était pourtant, c'est le moins que l'on puisse dire, accueilli avec froideur par l'entourage de François Hollande : père de onze enfants, catholique affirmé, l'un de ses frères, Denis, est le curé de la paroisse intégriste de Saint-Nicolas du Chardonnet. « Tous les dimanches, Benoît Puga va se recueillir dans une église où l'on fait passer Hollande pour le diable[2] ! », s'étouffe un haut fonctionnaire, qui se souvient des sorties des « anti-mariage pour tous » les plus véhéments. Reste que le général et

1. Le directeur de cabinet de Jean-Yves Le Drian, Cédric Lewandowski, s'est violemment opposé à ce qu'il reste.

2. Entretien avec les auteurs.

le président partagent un pan de la même histoire qui, l'un comme l'autre les a structurés : un père fervent défenseur de l'Algérie française.

Le lieutenant-colonel Hubert Puga avait engagé le régiment qu'il commandait aux côtés des putschistes d'Alger en 1961. Il sera exclu de l'armée par la suite et effectuera sa reconversion dans l'industrie militaire privée. Le docteur Georges Hollande, originaire de Normandie, comme Hubert Puga, militait quant à lui localement contre l'indépendance de l'Algérie. Il sera candidat aux élections municipales à Rouen en 1959 sur une liste de partisans de l'Algérie française.

François Hollande est quelque peu fasciné par Puga. Le général est partout sur les photos, il impose une autorité virile, toujours en bras de chemise quel que soit le climat – ambiance armée de terre.

Dans l'équipe élyséenne des débuts (dont l'histoire retiendra les nombreux cafouillages), Benoît Puga s'est imposé comme un leader au sein du cabinet, allant « jusqu'à *driver* les discussions pardessus la tête des conseillers diplomatiques ». Le président étant chef des armées, il a découvert le jour où il est entré en fonction qu'il était l'instrument de l'indépendance nationale. Une pression d'autant plus grande qu'il n'a jamais occupé de fonctions régaliennes auparavant. Et même si Jean-Yves Le Drian, le ministre de la Défense, compte parmi ses intimes, François Hollande a senti cette solitude glaciale d'être le décideur ultime. Or, il y avait, à côté de lui, un traducteur, un pédagogue, un décrypteur : le chef d'état-major particulier.

La présence de Benoît Puga à ce poste est la plus longue de la Ve République : il y est installé depuis cinq ans, alors que le titulaire cède sa place généralement après trois ans de service. C'est que Benoît Puga possède une immense qualité dans un environnement politique de ce niveau : il a des récits sur tout hérités de sa vie aventureuse. « Dans les sommets de l'OTAN, les conférences diplomatiques, les sommets internationaux où le président passe beaucoup de temps à attendre, Puga occupe le vide sur le mode "Quand j'ai sauté sur Kolwezi", "Moi, le désert et mon couteau"… Il crée l'habitude et l'affection[1] », assure un conseiller qui l'a côtoyé de juin 2012 à juin 2015.

Néanmoins, du côté du ministère de la Défense, on lui dénie une quelconque influence : « Il ne pèse pas sur les problématiques qui concernent la Défense nationale. Benoît Puga est un courtisan, toujours d'accord avec le président. Cela donne

1. Entretien avec les auteurs.

des scènes cocasses, comme avant l'annonce de la guerre au Mali. Il pensait que François Hollande était contre une intervention française, donc lui aussi, jusqu'au 10 janvier 2013. Hollande a été convaincu par Jean-Yves Le Drian et Laurent Fabius qu'il fallait entrer en guerre et il l'a annoncé le 11 janvier. Dès lors, dans toutes les réunions préparatoires, on a entendu Puga s'en féliciter… »

Décidément, le copain militaire du président n'est pas populaire à l'hôtel de Brienne. « Sous Sarkozy, il n'y avait pas de véritable ministre de la Défense[1], continue un proche de Jean-Yves Le Drian. Donc Puga avait beaucoup d'influence, il prenait des décisions… Quand Le Drian a été nommé, tout a changé pour lui : il a tenté de continuer à imposer ses vues lors des conseils de Défense ou en conseil restreint[2]. Il a vite fini par comprendre que c'était à l'hôtel de Brienne qu'on prenait les décisions. Il a désormais un rôle très en deçà de ce qu'il faisait. Par ailleurs, s'il est très apprécié par la base, les hauts gradés lui en veulent parce qu'il n'a pas soutenu l'augmentation du budget des armées en 2013. »

De même, l'Élysée a dû parfois revoir ses projets de restrictions budgétaires en matière de

1. Entretien avec les auteurs.

2. Le chef d'état-major particulier du président de la République n'y assiste pas de droit.

Défense. Le 11 mai 2014, Xavier Bertrand révèle que Bercy envisage de supprimer 2 milliards par an au budget des armées. Interrogé, le Premier ministre, Manuel Valls, ne dément pas. Un bras de fer s'engage alors entre le palais de l'Élysée et l'hôtel de Brienne, où l'on s'y connaît en coup de pression. « On monte quatre pages dans *Paris-Match*[1] où Le Drian pose bras croisés devant les Invalides, un canon derrière lui, les yeux tournés vers l'Élysée[2], rapporte un spécialiste de la guerre de communication engagé auprès du ministre. Bizarrement, au château, ils ne connaissent que le rapport de force médiatique, mais ne sont pas du tout équipés pour jouer à ce jeu-là ! Sans la mobilisation de Le Drian, je ne crois pas que la supposée influence de Puga nous aurait permis de garder nos 2 milliards. »

À l'instar de la tentative avortée de diminuer le budget de la Défense, Benoît Puga n'a pas été beaucoup plus pugnace pour maintenir la parole de la France, engagée sous Nicolas Sarkozy, à vendre deux bâtiments de projection et de combat (BPC) Mistral à la Russie de Poutine. Le chef d'état-major particulier s'était pourtant impliqué personnellement dans la signature du contrat déjà contro-

1. Numéro daté du 21 mai 2014.
2. Entretien avec les auteurs.

versé d'1,2 milliards d'euros – pour des raisons diplomatiques et politiques – allant même jusqu'à superviser les modalités de l'accord à Moscou.

Lors du changement de cap initié par François Hollande et son refus de livrer finalement les navires à l'armée de Poutine, Benoît Puga s'est montré des plus discrets. « Puga a été très protégé dans le récit médiatique du Mistral. Mais c'est lui qui a annoté le contrat intergouvernemental. Il a été le négociateur de cette vente, qui restera dans les annales comme le contrat militaire le plus contraignant que la France ait jamais signé, rappelle-t-on au ministère de la Défense. Il liait la France sur le calendrier et les pénalités comme jamais ! Heureusement que Poutine ne voulait pas faire traîner cette affaire et qu'il a accepté un accord à l'amiable, qui a tout de même mis quatre mois à aboutir. Car, au vu des conditions acceptées par Puga à l'époque, les Russes auraient pu nous traîner devant un tribunal arbitral international pour avoir rompu nos engagements, et ça nous aurait coûté des milliards. »

En clair, sous Nicolas Sarkozy, le chef d'état-major particulier avait milité pour la vente des navires aux Russes contre l'avis du chef d'état-major des armées. Certes, le contexte géopolitique avait changé, mais sous François Hollande, le même s'est félicité de la décision du président de la République de ne pas les livrer à Poutine.

Un fin politique, Benoit Puga ? En tout cas, un caméléon qui s'est parfaitement glissé dans le moule socialiste, en quelques semaines. Soirées électorales, réunions de cabinets… Il s'est, petit à petit, imposé dans le cénacle des conseillers qui comptent, grâce, notamment, à l'amitié qu'il a nouée avec Paul Jean-Ortiz, l'ex-conseiller diplomatique de François Hollande, décédé en juillet 2014. Installés dans des appartements de fonction du palais de l'Alma, les deux hommes rentraient souvent ensemble le soir.

Paul Jean-Ortiz avait même fini par convier le général aux « réunions diplos », auxquelles il n'avait jamais été associé. Depuis, Benoît Puga est devenu une pièce maîtresse du dispositif élyséen.

Il outrepasse le protocole avec l'assentiment du chef de l'État, qui le veut à ses côtés. « Il est partout !, s'étrangle un conseiller. Je l'ai même croisé, en civil, à un dîner d'État ! » Lors du dîner de la COP21, François Hollande l'a imposé à table, entre Ségolène Royal et Barack Obama. « Puga est omniprésent. Il a accès à l'agenda du président, donc il est présent à tout. Comme il était à l'Élysée sous les précédentes mandatures, il en connait les rouages. François Hollande qui était novice s'est appuyé sur lui. »

« Lemas et Jouyet auraient dû mieux le cadrer et le cantonner à son domaine de compétence[1] », soupire un ponte de la cellule diplo.

Le général Puga sait garder pour lui ce que lui inspirent certaines décisions politiques. Il ne porte pas en bandoulière les symboles de la paroisse intégriste où il communie. Lors du « mariage pour tous », certains ont cependant prétendu qu'il avait pavoisé une fenêtre de son appartement d'un fanion aux couleurs de la Manif' pour tous, les opposants au mariage gay… « C'est une rumeur créée pour nuire à sa relation avec le chef de l'État, cette histoire de drapeau n'a jamais existé », s'emporte un proche conseiller du président Hollande.

Si le général Puga suscite des jalousies, sa personnalité joyeuse et son curriculum d'aventurier ont fini par vaincre les résistances.

« Dans l'avion présidentiel, entre deux cartes militaires, il regarde des films marrants », dit l'un qui a partagé sa cabine. « Quand on s'ennuie, il raconte ses guerres en retroussant ses manches… », confirme un autre.

1. Entretien avec les auteurs.

« Il a acquis toute la confiance de Hollande, poursuit un troisième. On a avec lui le même genre de relation qu'avec un grand sportif, on l'admire », ose ce conseiller du prince[1].

1. Entretien avec les auteurs.

Le conseiller des princes

Jean-Pierre Jouyet a été secrétaire d'État chargé des Affaires européennes dans le gouvernement Fillon. À l'élection présidentielle de 2007, il a voté pour Nicolas Sarkozy. C'est pourtant lui que François Hollande a nommé secrétaire général de l'Élysée le 16 avril 2014, en succession de Pierre-René Lemas. Ce poste fait de lui le principal conseiller du prince, qu'il rencontre tous les jours en tête-à-tête…

Jean-Pierre Jouyet est devenu le point de passage obligé des autres conseillers pour accéder au président de la République, puisque l'usage veut que le secrétaire général « vise » tous les documents qui remontent vers le chef de l'État. Il est aussi celui qui « passe les commandes » au nom du président. De quoi décontenancer les conseillers qui ont participé à la campagne présidentielle : « Ça fait bizarre d'être dirigé par un ancien ministre de Sarko... » ironise une poignée de collaborateurs encartés de longue date au parti socialiste en sortant des premières réunions de cabinet hebdomadaires dirigées par Jean-Pierre Jouyet.

L'entourage du président de la République est d'autant plus perplexe que François Hollande, juste avant le premier tour de la primaire d'octobre 2011, avait promis que « jamais il ne prendrait d'anciens ministres de Sarkozy[1] ». Pour que les choses soient plus claires, le candidat était même allé jusqu'à préciser : « Jean-Pierre ne sera pas secrétaire général de l'Élysée. » La parole d'un candidat n'engage que ceux qui y croient...

François Hollande a connu Jean-Pierre Jouyet à l'ENA, il y a trente-six ans. Idéologiquement, les deux hauts fonctionnaires suivaient déjà la même pente sociale-démocrate. En 1985, ils fondent avec Jean-Yves Le Drian, Jean-Pierre Mignard et Jean-Michel Gaillard[2] les « transcourants ». Sous l'influence de Michel Rocard ou Jacques Delors, ils défrichent déjà une « troisième voie », basée sur

---

1. « Ce qu'a prévu la gauche en cas de victoire », Cécile Amar, *JDD*, 2 octobre 2011.

2. Décédé en 2005.

une pleine acceptation de l'économie de marché mondialisée, un tropisme centriste et un refus total de tout ce qui ressemble de près ou de loin à un courant idéologique.

En 2007, Jean-Pierre Jouyet a été l'un des fondateurs d'un petit club très influent, les Gracques, qui s'active dans les coulisses du pouvoir pour convertir la gauche française au libéralisme. Alors, que son vieux copain de régiment (ils partageaient une chambre à Saint-Cyr Coëtquidan), ex-directeur de cabinet adjoint de Lionel Jospin à Matignon, président d'honneur du Club Témoin, s'éloigne définitivement des dogmes socialistes en rejoignant un président de droite cela n'a ni surpris ni heurté François Hollande. S'il a dû se justifier auprès de ses camarades, c'est uniquement parce que cette « prise de guerre » du camp adverse l'affaiblissait lui, premier secrétaire du parti socialiste, à la veille d'élections législatives où la droite allait s'imposer...

« Le plus gênant, avec Jean-Pierre Jouyet, c'est que ses changements de pied se font toujours dans le même sens que celui qui amène de nouvelles équipes au pouvoir[1] », ironise Nicolas Sarkozy dans le livre où il revient sur son mandat. Pour-

1. Nicolas Sarkozy, *La France pour la vie*, Plon, 2016.

tant, le ralliement à la droite de Jean-Pierre Jouyet en 2007 n'a eu presque aucune conséquence sur les relations personnelles des deux amis, bien qu'ils aient passé un an sans se voir. Dès 2010, Jean-Pierre Jouyet assure François Hollande de son soutien pour la primaire. Une fois ce dernier désigné comme candidat socialiste, il l'alimente en informations sur les coulisses de la campagne de Nicolas Sarkozy. Et, sitôt élu, François Hollande ne cache plus son intention de faire venir dès que possible son vieux complice à ses côtés, à l'Élysée. « Jouyet était le vrai choix de François Hollande au poste de secrétaire général, celui qu'il aurait voulu dès 2012, se souvient Aquilino Morelle, ex-conseiller du président. Mais à l'époque, il était encore à l'autorité des marchés financiers, en quarantaine sarkozyste. Hollande l'a donc remis dans le circuit, l'a décontaminé, en le nommant à la Caisse des dépôts. Et en attendant, il a choisi Pierre-René Lemas par défaut pour assurer l'intérim. » Il était entendu avec le préfet, ex-directeur de cabinet de Jean-Pierre Bel à la présidence du Sénat, qu'il laisserait le secrétariat général de l'Élysée à l'ami du président en échange « d'un beau dégagement[1] ».

1. Pierre-René Lemas a été nommé à la présidence de la Caisse des dépôts et consignations en avril 2014.

Mais, en attendant de pouvoir rejoindre officiellement la présidence, Jean-Pierre Jouyet, dès le 15 mai 2012, est, partout, conseiller occulte et très actif du président, associé à toutes les décisions stratégiques. La preuve : le jour de l'intronisation de François Hollande, il lâche candidement en direct sur RTL le nom du Premier ministre que François Hollande s'apprête à nommer[1]… Une bourde dont le président ne lui tiendra pas rigueur. Jean-Pierre Jouyet assiste dès lors à toutes les réunions au cours desquelles François Hollande, Pierre-René Lemas et Aquilino Morelle forment leur équipe d'une quarantaine de conseillers.

DRH de l'ombre, celui qui se décrit comme « le frère » du président, mais que beaucoup voient plutôt comme son « doudou », place ses hommes aux manettes de l'Élysée. Caractéristique commune des « poulains » de Jean-Pierre Jouyet ? Leur profil professionnel n'est pas franchement marqué à gauche.

C'est bien entendu le cas du jeune Emmanuel Macron, dernière tocade de Jacques Attali et que Jean-Pierre Jouyet a connu à l'Inspection générale des finances. Le trentenaire était banquier d'affaires chez Rothschild & Cie lorsqu'il le fait engager comme secrétaire général adjoint au palais. Il recommande

1. Interview de Jean-Michel Apathie, le 15 mai 2012.

également Philippe Léglise-Costa (surnommé « PLC »), polytechnicien de 49 ans et diplomate chevronné, directeur de cabinet de Jean-Pierre Jouyet au secrétariat d'État aux Affaires européennes, de 2007 à 2008.

De juin 2012 à janvier 2015, PLC a été le tout-puissant conseiller Europe de François Hollande, endossant parallèlement, à partir de 2014, la casquette de secrétaire général des Affaires européennes. Évoquons encore Arnaud Oseredczuk, dont l'influent Jean-Pierre Jouyet pousse le curriculum afin qu'il décroche le poste de « monsieur Euro » de la présidence[1]. Cet énarque de 44 ans, membre de la Cour des comptes comme François Hollande, a fait sa carrière depuis sa sortie de l'ENA au sein de l'Autorité des marchés financiers (AMF), présidée par Jean-Pierre Jouyet.

En dehors d'une poignée de « hollandais » historiques comme Bernard Rullier (conseiller parlementaire), Michel Yahiel (chargé des affaires sociales), ou de quelques jeunes conseillers techniques[2] poussés par Pierre Moscovici, le reste de l'entourage présidentiel n'est pas ancré au parti

1. Il est parti en février 2014.

2. Constance Rivière, Thomas Melonio, Jean-Jacques Barberis ou Alice Rufo.

socialiste, à l'image de la conseillère éducation, Anne Courrèges[1] : rapporteur public au Conseil d'État, elle avait été nommée en 2010, sous Nicolas Sarkozy, directrice des Affaires juridiques au ministère de l'Éducation nationale. Même souplesse pour Antoine Adam, web-manager du palais, qui a quitté l'Élysée en février 2016 pour rejoindre l'équipe de web-campagne d'Alain Juppé.

« Hollande a besoin de Jouyet, qui ne lui cause aucun inconfort intellectuel, idéologique, ou politique. Et il a mis l'ensemble du cabinet à l'unisson. Le critère sélectif du président n'est pas de savoir si la personne est de droite ou de gauche, mais si elle est avec lui ou contre lui », souligne un pilier de l'équipe. Un autre va plus loin : « Idéologiquement, Hollande est au niveau liquide du plastique. Il fait partie de cette bourgeoisie d'État qui n'a jamais milité dans un syndicat étudiant, n'a jamais collé une affiche, n'a jamais manifesté contre une centrale nucléaire[2]. »

Le faible engagement politique n'est pas la seule singularité de l'entourage présidentiel. Le chercheur Jean-Michel Eymeri-Douzans en a établi

1. Elle a rejoint sa sœur jumelle au cabinet de Manuel Valls en mai 2014.

2. Entretien avec les auteurs.

une sociographie très pointue[1]. Selon le directeur adjoint de Sciences Po Toulouse, ce qui caractérise avant tout le cabinet de François Hollande, sous Pierre-René Lemas comme sous Jean-Pierre Jouyet, est « une effarante reproduction sociale ».

À l'instar du président lui-même, fils d'un médecin aisé, 62,5 % des conseillers de François Hollande, issus de milieux urbains et favorisés, ont des pères « cadres et professions intellectuelles supérieures », comme Alice Rufo, conseillère diplomatique et fille du psychanalyste Marcel Rufo, ou encore Audrey Azoulay[2], conseillère culture et fille du conseiller du roi du Maroc. Ils n'étaient que 51 % dans l'entourage de Nicolas Sarkozy, note le chercheur. Autour du chef de l'État, l'endogamie joue à plein, on ne dénombre que trois fils d'employés et d'ouvriers (dont le cas archi-médiatisé d'Aquilino Morelle, fils d'immigrés espagnols).

« Ces données corroborent le constat si souvent dressé d'un défaut d'enracinement populaire du personnel dirigeant de la gauche de gouvernement français », estime Jean-Michel Eymeri-Douzans. Elles témoignent également d'un manque d'enra-

1. Jean-Michel Eymeri-Douzans, Xavier Bioy et Stéphane Mouton, *Le Règne des entourages*, Presses de Sciences Po, 2015.

2. Elle a été nommée ministre de la Culture le 11 février 2016.

cinement dans les sphères de l'économie industrielle ou scientifique : la sous-représentation des cadres issus du privé (ils ne sont que trois) est saisissante.

Le président de gauche, pour gouverner, s'est entouré de hauts fonctionnaires issus de milieux favorisés. Et, lorsqu'il réunit ses chefs de pôles pour une réunion de travail, c'est tout naturellement qu'il les invite à la Farnesina[1], un très luxueux restaurant du VIIe arrondissement, dont la spécialité est la truffe.

Officiellement nommé au palais en avril 2014, le secrétaire général Jean-Pierre Jouyet reçoit beaucoup, pour le compte du chef de l'État et avec son aval. Mais pas seulement : il cultive aussi ses propres réseaux. L'ex-ministre du gouvernement Fillon n'a pas coupé avec sa vie « d'avant » et les années Sarkozy. Il fait seulement en sorte d'être discret, du moins le croit-il.

Depuis l'*outing*[2] par les journalistes du *Monde* de son déjeuner avec François Fillon, le 24 juin 2014 chez Ledoyen, au cours duquel l'ex-Premier ministre aurait évoqué les procédures contre Sarkozy, le secrétaire général de l'Élysée se méfie

1. *Le Point*, 22 septembre 2014.
2. Gérard Davet et Fabrice Lhomme, *Sarko s'est tué*, *op. cit.*

de lui-même. Bien que François Hollande lui apporte son soutien, il a du mal à encaisser le coup. Il disparaît tout bonnement de l'Élysée pendant la polémique, jusqu'à ce que sa femme, Brigitte, le convainque d'y retourner. Depuis cette affaire, Jean-Pierre Jouyet convie ses amis de droite au palais, mais en secret.

Comme ce jour de juin 2015, où il accueille le directeur général du Crédit agricole, Xavier Musca[1], lui aussi ancien du Trésor et ex-secrétaire général de l'Élysée sous Nicolas Sarkozy. Ce dernier n'avait-il pas demandé à François Hollande, le jour de la passation, de « prendre soin » de son principal collaborateur. « Il fallait que ça reste secret, qu'il n'y ait personne dans les couloirs[2], raconte un préposé au service. Musca est arrivé dans une voiture aux vitres fumées. Personne ne devait être au courant de l'identité du visiteur de Jean-Pierre Jouyet. »

Sans doute parce que, quelques jours plus tôt, le 3 juin exactement, Xavier Musca a été placé en garde à vue dans l'enquête sur les sondages

1. Qui, tout en leur interdisant de « faire état de cette conversation », confirme le rendez-vous aux auteurs au cours duquel il fut également question de la gestion du compte « conservation de la Caisse des dépôts » retirée au Crédit agricole peu avant 2012 et confiée à la BNP Paribas.

2. Entretien avec les auteurs.

de l'Élysée[1], et que cette rencontre, à l'aune des révélations des journalistes du *Monde* un mois auparavant, aurait pu être mal interprétée… On aurait vite fait d'imaginer que, décidément, la présidence suit de près les affres judiciaires des amis de Nicolas Sarkozy.

À droite, Jean-Pierre Jouyet cultive également des relations plus inattendues. Aussi, la députée européenne et maire du VIIe arrondissement de Paris, Rachida Dati, fait-elle partie de ses visiteuses assidues. L'ex-garde des Sceaux le tient même pour « un ami précieux » depuis que feu Christophe de Margerie, dont elle était très proche, les a présentés l'un à l'autre voilà des années. Elle a souvent dîné à la table de Jean-Pierre Jouyet, rue Raynouard (XVIe arrondissement), avec l'ex-PDG de Total, qui se trouvait être le cousin de Brigitte Taittinger, et que Jean-Pierre Jouyet a épousée en secondes noces. Chez eux, elle a croisé les stars du CAC 40, mais également Bernard Cazeneuve, Manuel Valls, Emmanuel Macron et son épouse…

1. Des investigations qui portent sur la régularité des contrats conclus sous le quinquennat de Nicolas Sarkozy entre l'Élysée et neuf instituts de sondage, notamment la société Publifact de Patrick Buisson, mis en examen pour recel de favoritisme, abus de bien sociaux et détournement de fonds publics, ce qu'il conteste.

Fidèle en amitié, le bras droit de François Hollande ne refuse rien à l'ancienne protégée de Nicolas Sarkozy. Et la députée européenne, qui exerce par ailleurs comme avocate, n'hésite pas à solliciter son « précieux » ami.

Le 3 septembre dernier, Rachida Dati a ainsi obtenu du secrétaire général de l'Élysée qu'il reçoive sa grande amie Mehriban Aliyeva, la femme du président d'Azerbaïdjan. Une visite dont on ne trouve pas trace dans l'agenda de la présidence – la première dame n'ayant aucun rôle institutionnel –, mais à laquelle François Hollande a assisté, comme en attestent les photos prises ce jour-là. Une rencontre montée dans le dos de la cellule diplomatique de l'Élysée, dont les membres estiment que « ce genre d'initiative perturbe le jeu des diplomates ». Bien entendu, dans l'entourage du président, on rappelle que le petit pays a beau être l'État le moins démocratique d'Eurasie, « la France y a des intérêts », via l'un des fleurons de l'économie hexagonale, GDF Suez, très investi dans un projet de pipeline avec Bakou. Or, selon certains membres de la Commission européenne, Rachida Dati aurait été rémunérée pour des missions de « *consulting* » pour le groupe gazier[1].

1. Le reportage de « Cash Investigation » diffusé en septembre dernier sur France 2 avait été l'occasion d'une violente

L'ex-maire de Quimper, Bernard Poignant, conseiller bénévole à l'Élysée qui côtoie François Hollande et Jean-Pierre Jouyet depuis les années 1980, n'est pas dupe : « Le fait que Jouyet a gardé des réseaux à droite n'est pas un problème pour François. On n'est pas en guerre civile ! Et en politique, tout le monde se rend des services… »

En effet, nul n'ignore, dans Paris, que le secrétaire général de l'Élysée tire les ficelles de bien des nominations – si exotiques soient-elles, tant le sens politique fait souvent défaut à Jean-Pierre Jouyet. Aussi a-t-il propulsé le 1er novembre dernier son camarade, François Villeroy de Galhau, alors PDG de BNP-Paribas, à la tête de la Banque de France. Haut fonctionnaire passé par plusieurs cabinets ministériels sous Lionel Jospin, catho de gauche, membre des Gracques, les deux hommes ont beaucoup en commun. Le fait que l'ancien patron de banque ait écopé d'une amende record aux États-Unis en mai dernier pour ne pas avoir respecté les embargos économiques n'a pas joué en sa défaveur aux yeux de Jean-Pierre Jouyet. Pas plus que la pétition de 150 économistes signalant le risque de conflit d'intérêts que représentait la nomination d'un ancien banquier pour réguler, contrôler, voire

---

altercation entre la députée Européenne et la journaliste Élise Lucet à ce sujet.

sanctionner le système bancaire hexagonal n'a dissuadé François Hollande de le nommer gouverneur du Trésor. Heureusement, pour le président de la République, les coups de pouce de son meilleur ami sont généralement moins commentés. Ils n'en demeurent pas moins discutables.

Ainsi le 2 juillet 2015, lors d'un rendez-vous à l'Élysée, Rachida Dati n'a pas tardé à évoquer avec Jean-Pierre Jouyet le cas de Patrick Gérard, son ancien directeur de cabinet place Vendôme, qui « végète » désormais au Conseil d'État. Le 7 juillet, le haut fonctionnaire est nommé « président du Comité de sélection interministériel des administrateurs civils ». Rachida Dati le sait mieux que personne : Jean-Pierre Jouyet est un homme d'ouverture, pas effarouché à l'idée de « pistonner » un haut fonctionnaire ayant exercé sous Nicolas Sarkozy pour piloter le pôle chargé de recruter les dircabs de la Hollandie…

« Les copains de Jouyet sont plus souvent de droite que de gauche », tacle un familier des dîners de la rue Raynouard, selon qui « Jean-Pierre n'a jamais dissimulé qu'il n'était pas socialiste, ni même vraiment de gauche ». Reste que pour leurs amis (de droite), le chef de l'État et son secrétaire général sont tout simplement des hommes libres, qui « n'ont pas l'esprit de système ». Et il faut le veto farouche de Julie Gayet[1] pour contrer l'appui de Jean-Pierre Jouyet à certaines candidatures soufflées par le camp politique adverse. Ainsi s'était-il laissé fléchir en novembre dernier par son vieux copain de la promo Voltaire, Renaud Donnedieu de Vabres, l'ancien ministre de la Culture de Jacques Chirac, qui réclamait pour son amie Claire Chazal, fraîchement remerciée de TF1, la présidence de la Réunion des musées nationaux-Grand Palais (RMN) bientôt laissée vacante par Jean-Paul Cluzel… C'est finalement Sylvie Hubac, une autre amie de la promotion Voltaire, ex-directrice de cabinet du chef de l'État, qui y sera nommée en janvier 2016.

À travers l'influence que Jean-Pierre Jouyet exerce à l'Élysée, c'est une autre question, plus politique, qui se pose : François Hollande est-il aux mains des Gracques, ce petit club d'hommes d'affaires, de hauts fonctionnaires et d'intellectuels qui s'activent anonymement depuis 2007 dans les coulisses du pouvoir pour convertir la gauche française au libéralisme ? Jean-Pierre Jouyet en est l'un des piliers, tout comme Sylvie Hubac, directrice de cabinet de François Hollande de 2012 à 2014.

1. Soazig Quéméner et François Aubel, *Julie Gayet, une intermittente à l'Élysée*, Éditions du Moment, 2016.

« Pendant la campagne de 2012 et depuis l'élection, révèle Bernard Spitz, président de la Fédération française des sociétés d'assurances et responsable du pôle international du Medef, dans *Vanity Fair*, il y a un certain nombre de choses sur lesquelles nous pensons avoir pesé. Et nous allons continuer dans cette voie pour 2017[1]. » À en croire les représentants des Gracques, dont la moitié des membres auraient, comme Jean-Pierre Jouyet, voté Sarkozy en 2007, François Hollande s'est toujours montré sensible aux arguments de ces notables qui jurent défendre un idéal de gauche.

Lors d'un déjeuner au Royal-Monceau avenue Hoche avec les plus éminentes figures du club, juste après la primaire socialiste, le candidat à la présidentielle les avait d'ailleurs rassurés : s'il était élu, « le redressement des comptes publics » et « la compétitivité des entreprises » seraient ses priorités.

Évidemment, en public, le candidat socialiste entonne un tout autre refrain. Le 22 janvier 2012, lors de son premier grand meeting, au Bourget, François Hollande tonne : « Mon véritable adversaire, c'est le monde de la finance ! » La tirade,

1. « Conseils d'amis », Marie-France Etchegoin, *Vanity Fair*, numéro daté de juillet 2015.

reprise en boucle par tous les médias, fait sourire les Gracques, qui dans les journaux, alors que la campagne présidentielle bat son plein, s'attaquent aux « vaches sacrées » du parti socialiste : baisse des dépenses publiques, allongement de l'âge de la retraite, fin des 35 heures, allégement des impôts sur les entreprises, assouplissement des lois sur le licenciement, ouverture des métiers réglementés… Ce qu'ils prônent alors est un avant-goût des futures « lois Macron ».

Une fois élu, pourtant, François Hollande reste selon eux trop souvent au milieu du gué. Les amis de Jean-Pierre Jouyet ont tout de même salué, le 13 novembre 2012, la mise en œuvre du « pacte de compétitivité », soit 20 milliards d'euros de baisses d'impôts accordées aux entreprises. Mais à leurs yeux, « le président ne met pas toujours en accord ses actes et "ses convictions[1]" ».

Converti de longue date au libéralisme, même s'il prétend y mettre les formes, François Hollande dispose, à l'instar de Jean-Pierre Jouyet, de son propre réseau à droite. Et, tandis que le secrétaire général pêche dans les eaux sarkozystes, le chef de l'État laboure le sillon chiraquien. Dès son arrivée à l'Élysée, il a porté aux proches de l'an-

1. *Idem.*

cien président d'origine corrézienne, avec lequel il s'entend si bien, une attention particulière[1]. La nomination en 2014 au palais Farnèse, qui abrite la mythique ambassade de France à Rome, de Catherine Colonna, membre de la Fondation des Amis de Jacques Chirac, dont elle fut la porte-parole à l'Élysée durant neuf ans, a été saluée pour ce qu'elle est : un joli cadeau.

Celle, la même année, de l'ex-garde des Sceaux Jacques Toubon comme Défenseur des droits, en était un autre pour cet ancien ministre cantonné aux missions alimentaires depuis cinq ans…

À tous ces petits gestes, qui certes entretiennent l'amitié, s'ajoute l'entregent de Julie Gayet. C'est notamment elle qui a installé François Hollande dans le cercle très exclusif du milliardaire et intime de Jacques Chirac, François Pinault. L'homme d'affaires, propriétaire du *Point*, a même été l'un des témoins privilégiés de leur idylle naissante. Le chef de l'État et sa compagne sont désormais souvent conviés, à leur tour, dans l'hôtel particulier de François et Maryvonne Pinault, rue de Tournon, dans le VIe arrondissement. Le 14 septembre 2015, ils y ont dîné avec l'ancien conseiller

1. François Hollande a été président du Conseil général et député de Corrèze, ainsi que maire de Tulle.

de Nicolas Sarkozy, Alain Minc, et le journaliste Serge Moati. Comme tous les amis de Jacques Chirac, l'homme d'affaires a voté Hollande en 2012, et l'a fait savoir. « Mais Pinault nourrit une vraie amitié pour Julie, explique Anne Méaux, la patronne d'Image 7 chargée de la communication de l'ancien président de Kering. Depuis qu'il a mis 500 000 euros dans l'un de ses films, en 2009, il finance régulièrement ses projets. »

Incarnation de ces croisements d'intérêts, la communicante gère aussi l'image de Julie Gayet depuis les événements de la rue du Cirque. Cette ancienne militante du GUD dans les années 1970, qui avait prospéré sous Jacques Chirac, est décidément revenue en cour depuis l'arrivée de François Hollande au pouvoir. Elle a ainsi raflé, pour un montant tenu secret, le contrat de communication d'EDF, groupe à la tête duquel le chef de l'État a nommé en novembre 2014 son ami de lycée, le polytechnicien Jean-Bernard Lévy. À l'époque, Emmanuel Macron, alors secrétaire général adjoint de l'Élysée, s'était ému d'un tel choix. Lévy, ancien de Vivendi, Matra et Thalès, n'avait aucune expérience du secteur de l'énergie, mais était l'ancien directeur de cabinet de Gérard Longuet, ex-ministre de l'Industrie de Jacques Chirac, et partisan d'une libéralisation totale du secteur… La tension est montée d'un cran au château quand il a été clair que faute de savoir piloter le navire, Jean-Bernard Lévy ne pouvait se passer des avis et des relais du député des Républicains de la Meuse, très bon connaisseur du milieu et de ses jeux d'influences[1].

Impossible, pourtant, de revenir en arrière. Le président « de gauche », qui vante à la tribune « les mérites du service public à la française », sait bien que le fleuron de l'énergie hexagonale est aux mains de réseaux qui prônent la fin des tarifs régulés, une augmentation des prix afin de soutenir la concurrence ou encore un « démontage » des services d'EDF… Et tout ça, par sa seule volonté.

Il semble loin le temps où François Hollande lâchait un cinglant : « Je n'aime pas les riches, j'en conviens[2]. » Depuis cette sortie radicale, il continue de passer ses vacances d'été au pied du massif des Maures, chez Jean-Pierre Jouyet et son épouse, Brigitte Taittinger, héritière de la marque de champagne. Traqué par les paparazzis en août 2014, le chef de l'État séjourne une semaine chez la sœur de cette dernière, Virginie, qui a travaillé aux côtés de son père, Claude Taittinger,

---

1. « EDF : Un nouveau président sous influence », Mediapart, le 2 décembre 2014.
2. « À vous de juger », France 2, janvier 2007.

durant vingt-et-un ans. Elle quitte le groupe familial lorsqu'il est racheté par un fonds de pension américain en 2006 et s'exile outre-quiévrain pour monter sa propre marque. Bien sûr, l'hôtesse du président et son mari médecin se défendent d'être établis en Belgique pour des raisons fiscales, mais plutôt « parce qu'il y a beaucoup de grèves en France[1] ».

En août 2015, François Hollande réussit une fois de plus à disparaître. Alors que les paparazzis sillonnent le sud de la France, il inaugure avec Julie Gayet la nouvelle résidence de vacances du couple Jouyet, à La Croix-Valmer, tout près de Saint-Tropez.

Le lieu, où nous nous sommes rendus en octobre 2015, est prisé des stars, l'actrice anglaise de « Dynastie » Joan Collins y possède une propriété en pleine forêt[2]. Les Jouyet, eux, ont opté pour une villa discrète, nichée entre la route des tennis et la corniche de la Pinède, dans un ghetto de riches qui longe la côte, inaccessible en voiture. À deux pas de celle des Bolloré.

---

1. *La Libre Belgique*, 21 juin 2014.
2. *Julie Gayet : une intermittente à l'Élysée*, *op. cit.*

Conclusion

Cet ouvrage n'aurait pas pu exister sans les confidences de ceux qui accompagnent et vivent au quotidien à l'Élysée auprès du président de la République. Des hauts fonctionnaires et des politiques qui entourent François Hollande, bien sûr, mais également des agents de toutes catégories, parfois en poste depuis plusieurs quinquennats qui, au fil du temps, ont vu le cynisme érigé en pratique permanente du pouvoir. Leurs récits se heurtant violemment au *storytelling* élaboré par les politiques, sont souvent disqualifiés par les communicants officiels. Ils n'en ont été, pour nous, que plus précieux.

Pour leur confiance, nous les remercions. En levant un coin du voile, ils ont permis de raconter la « petite » histoire du quinquennat, et par là-même ses grands travers.

Table des matières

Composition et mise en pages
Nord Compo à Villeneuve-d'Ascq

Cet ouvrage a été imprimé en France par
CPI Bussière
à Saint-Amand-Montrond (Cher)
en avril 2016

20-7638-7/03

N° d'impression : 2023161

Pour l'éditeur, le principe est d'utiliser des papiers composés de fibres naturelles, renouvelables, recyclables et fabriquées à partir de bois issu de forêts qui adoptent un système d'aménagement durable.
En outre, l'éditeur attend de ses fournisseurs de papier qu'ils s'inscrivent dans une démarche de certification environnementale reconnue.